妳若會說話
到處吃香

寫給女人的實用說話手冊

展現
女性魅力的
23個
說話練習

張麗麗◎編著

在與人交往的過程中，良好的口才產生舉足輕重的作用，而說話並不像人們想像的那麼簡單，而是一門值得我們每個人學習和研究的深奧學問。改善口才其實也就是在改變一個人的思維模式，是在為其職業發展與人際交往而充電。

本書深入淺出地向女性朋友介紹了提高女性口才能力的23個說話練習。掌握好這些說話技巧，可以讓女性朋友在短時間內看到自己說話技巧的成長，提高自己的說話水準。

序言 FOREWORD

人生貴在表達，而說話正是一種最直接、最自由的表達方式。一句動人的話，常常能帶給人悠遠深長的意韻，甚至產生「餘音繞樑，三日不絕」之妙，久久地縈繞在聽者的耳畔，值得用心去品味、懷念。

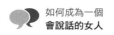

優美、高雅的談吐是女性魅力的外顯，是展示知識、智慧、能力和氣質的主要管道。巧舌如簧是一種能力，談吐自如是一種風度。一個女性有沒有氣質，只要她一開口說話，便清清楚楚地表露無遺了。

好口才不僅能夠體現出一個女性的思想觀念，而且也能體現出她的性格以及她的反應能力、處世能力、思考能力。一個女人是愚是智、是呆板乏味、還是幽默風趣，都能夠從她的言談中體現出來。

女性如何才能在交際中引起別人的注意、贏得別人的欣賞，成為社會活動中的明星呢？

如果妳能習慣運用高尚文雅的辭令，妳的語言將像一個無形的精靈，緊緊攫住他人的心；相反，如果舉止粗魯，滿口粗話，那麼即使擁有出眾的外表，也會成為社交場上一潭永不流動的死水。語言的力量能征服世界上最複雜的東西——人的心靈。妙語連珠、談吐不凡，已成為社交能力強弱的重要標誌之一。

說話其實是一個很複雜的過程，如果要把說話稱做一門藝術，那麼它應該是一門綜合性的藝術，其中語言使用的手段只是整體藝術中的一部分。好話使人如浴春風，甚至交到好運。壞話使人心情不悅，甚至招來禍端。說話並不像人們想像的那麼簡單，而是一門值得我們每個人學習和研究的深奧學問。

改善口才其實也就是在改變一個人的思維模式，是在為其職業發展而充電。投資口才等於投資未來、要想成才先練口才，這已經成為職場中人的流行口號。女性要想在社會上立足，就離不開良好的人際關係，在與人交往的過程中，良好的口才產生舉足輕重的作用。那麼女性怎樣在短時間內看到自己說話技巧的成長，提高自己的說話水準呢？

本書引用通俗易懂的語言和娓娓動人的故事，深入淺出地向女性朋友介紹了提高女性口才能力的方法。掌握好這些說話技巧，妳就能在朋友面前談笑風生、在戀人面前蜜語甜言、在上司面前應對自如、在陌生人面前彬彬有禮、在演講臺上妙語生花、在論辯壇上巧舌能戰了。

在人生的舞臺上，需要攜帶的東西很多，但有一樣東西千萬別遺忘，那就是成功的夢想。擁有《好口才》，妳就會成為一位會說話的女人，只要開卷細讀，那麼妳離成功還會遠嗎？

目錄 CONTENTS

01 CHAPTER 妳也可以成為說話高手

02 CHAPTER 能言又善道的口才技巧

03
CHAPTER

職場女性的金口才

04
CHAPTER

場景說話術，要說也要練

05 CHAPTER

「看場合説話」的藝術

06 CHAPTER

當個會説話的好情人

CHAPTER

01

妳也可以成為說話高手

LESSON

01

用口才征服世界

擁有好口才的人都見聞廣博，喜好閱讀雜誌和書報，興趣廣泛而又熱心活潑，與他們在一起，不僅能使人增長見識，更能讓人身心愉悅。

這是一個越來越注重「說」的時代：競爭職位、應聘面試、推銷業務……都要有說服力，都需要口才。那麼什麼是口才呢？所謂口才就是口語表達能力，即善於用準確、貼切、生動的口語來表達思想感情的一種能力。

語言的力量能征服世界上最複雜的東西——人的心靈。妙語連珠、談吐不凡已成為社交高手的重要特徵之一。社交場上的佼佼者，必定會在言談中閃爍著真知灼見，給人以深邃、精闢、睿智之感。現代女性應該怎樣加強說話技巧，使自己成為一個口才高手呢？

李女士是公司的中層幹部，由於自身的性格問題，在口頭表達上總是有些欠缺。在一次大會上發言時，她由於緊張過度，把應該說的話全忘記了，因此喪失了一次升遷的大好機會。當聽說有口才培訓班時，她便毫不猶豫地報了名。培訓老師第一次叫她上臺演講時，她在臺上結結巴巴，手足無措。後來在培訓過程中，培訓老師透過聲音訓練、目光訓練、肢體語言訓練這些基本功課程，讓她學會說話技巧，並且還在心理上給她指導。她透過各種模擬的場景，如開會、演講、晚會等，似親臨其境，突破了自己的心理障礙。經過半年的培訓，她便能在公眾場合表現得輕鬆自如，對自己的職業也充滿了信心。

歐普拉在早晨芝加哥節目以新主持身分登台，她用了一個月時間就打敗了廣播明星菲里杜納的節目，後者在此行業縱橫了整整十年。歐普拉以火箭噴發的速度，使芝加哥電視台收視率急劇上升。

一九八五年，歐普拉・溫弗瑞脫口秀正式成立，此後它成為美國最成功的脫口秀節目。在當時，脫口秀是美國歷史悠久的電視節目，但歷來都是男人的世界，再切實點說，是知識份子暢所欲言討論時事的報導式談話。如何把傳統的脫口秀搞得更有聲有色？歐普拉想到了自己在巴爾的摩的成功，她決心發揮自己的長項，做回自我，熱誠講出心底話，拉近與觀眾的距離。

這一點非常重要，當時的歐普拉不算美女，也早過了妙齡。但她的親和力卻讓大家感動，她打動觀眾的力量在於她對觀眾推心置腹，願意與觀眾分享一切隱祕的真誠。在鏡頭面前，她公開承認自己十四歲時未婚生子，嬰兒出生兩星期便夭折；在電視節目內，她毫不諱言地承認年少時曾有吸食海洛因的經歷，甚至在雜誌訪問中她還透露九歲被強姦的慘痛經歷。

這些被歐普拉形容為重大恥辱的瘡疤，歐普拉選擇了在三千三百萬觀眾面前哭訴曝光。事實上，沒有人去恥笑她，因為每個人都或多或少有過自己的創痛。喬治・麥爾在他的《歐普拉・溫弗瑞：真實的故事》裡寫道：「觀眾們信任歐普拉，是由於她就是他們中的一員，而且經常會提一些驚人的問題或暴露自己的隱私……反應是驚人的。」

歐普拉有時與尋常百姓談論真實生活經驗，把節目辦得像一次集體心理診療。例如，她經常邀請心理專家作為她的聯合主持人，讓來賓在節目中公開他們個人生活中最隱祕的部分；透過循循誘導，歐普拉和來賓們共同袒露心跡，共同擺脫過去的陰影。這是全國性的發洩，大家都開始關心、重視這些特殊的問題和現象。

投資口才等於投資未來，「要想成才先練口才」已成為現代女性的職場流行口號。只會做不會說，在今天的社會已經吃不開。改善口才其實也就是在改變一個人的思維模式，為其職業發展打開更多的通路。

妳瞭解自己的口才能力嗎？

女性要想在社會上立足，就離不開良好的人際關係，在與人交往的過程中，良好的口才產生舉足輕重的作用。大多數人都懂得一些談話的方法與技巧，但卻很少用科學的方法去剖析。

如果妳決心提升自己的談話能力，那麼請回想一下自己在日常生活中與人談話的經驗，然後就下面的問題對自己進行一番測驗：

・是不是一旦見了陌生人或在人群中，就覺得無話可說？

・是不是很難找到一個大家都感興趣的談話題材？

・是不是常常在無意中說別人忌諱的話？
・發覺自己的話使別人發生反感時，是不是只能發愁不知如何是好？
・是不是能夠把自己所要談的問題用不同的方式表達出來，以適應每一個不同的談話對象？
・是不是在熟人面前可以談吐自如，而在陌生人面前卻連一句話也說不出來呢？
・是不是在遇見別人不同意自己的意見時，只會重複自己說過的話呢？
・是不是經常和別人發生爭執？
・是不是常常聽別人說自己很固執呢？
・對於比自己年紀大或是地位較高的人，有沒有給予適當的尊敬呢？
・能不能根據別人的說話方式來調整自己的態度？
・自己的說話內容是不是不能引起爭論？
・是不是自己的談話始終沒有條理和內容空洞？
・是不是能夠很輕鬆自然地改變談話的題材？
・是不是不知道應該在何時結束談話？
・是不是口齒不清，說話不悅耳？

・是不是常常忘記別人的姓名？

・是不是常用一些不文雅的俗話？

對於以上十八個問題，一般人幾乎都不可能完全做到，但必須先弄清楚自己究竟在哪一方面有困難。或者可以用一枝紅筆，在有困難的問題上，做一個記號，看究竟困難是多還是少，並記下妳認為要改善的每一個問題。例如妳要記下來究竟在什麼人面前，妳感覺到無話可說，為了什麼原因，妳自己如何改善。如果真的想改變不會說話的現狀，就千萬不要偷懶，至少要用一個星期的時間，每天認真地默記下來妳在這一天裡跟別人談話時的情形。到了週末再冷靜地分析，妳應該最先改進的是哪一點。然後一個星期、一個星期地堅持下去，一面看書一面研究妳自己的實際情況。如果能這樣實行，三個月內妳就會有驚人的進步，可以減少害羞次數，改善口氣和態度，說話更有條理，不再讓人討厭，當然更知道避免和人抬槓了。

不做害羞的玫瑰

羞怯的心理是成功表現的強敵，只要克服了這種心理，勇敢地向眾人展示自己，妳就已經抬起了邁向成功的步伐。

琳達是一位很膽小、害羞的女孩，每次教授發問時，她總是迅速地低下頭去。有一次，教授突然要求琳達發表個人意見，琳達很緊張地看了教授一眼，她知道自己躲不了，於是她告訴自己：「現在不是害怕的時候，我必須把握機會，我知道自己可以的。」她強迫自己忘記膽怯，而專心地回答教授所提出的問題。琳達果然做到了，而且她的表現獲得教授的肯定。自此之後，琳達對自己更有信心，再也不是昔日那個唯唯諾諾的膽小女孩了。

不只是琳達，在生活中經常會有人自我解嘲地說：「我口才不好，不會說話。」這是因為羞怯與恐懼的緣故。其實只要能克服障礙，每個人都能打開話匣子，侃侃而談。

有很多人在眾人面前講話的時候會膽怯緊張，而且對此頗為苦惱。要使自己戰勝膽怯、緊張，必須先遺忘恐懼，勇敢地面對問題。社會瞬息萬變，生活的步調如此快速，隨時隨地都可能出現新的狀況，難道要一輩子像隻鴕鳥般地逃避現實嗎？多給自己一些信心和勇氣，就會發現自己其實是很出色的。

妳要鼓勵自己面對問題，克服膽怯。每個人幾乎都曾經有過在眾人面前發表意見的經驗，也可能怯場過。即使是那些在臺上說得眉飛色舞、慷慨激昂的演說家或者是知名的表演者，他們在面對大眾的前一刻也會膽怯、緊張。但是當他們站在眾人面前時，一切的恐懼就會全部拋在腦後，

如果妳隨時隨地都因為擔心說錯話而壓抑自己，不敢與他人交談，妳將會無法享受談話的樂趣。有一位朋友常常告誡自己要謹言慎行，避免和他人任意交談，所以在朋友中，他總保持著沉默。當別人指責他時，他從不辯解；當別人對他提要求時，他也不開口拒絕，於是朋友們都笑稱他為好好先生。他的個性使他無法輕鬆與人交談，即使覺得委屈、憤怒，也不明確表示出來，漸漸地，他和朋友之間有了一層隔閡、有了誤解。

既不要把對人說話看做是一種負擔，也不要總是揹著羞怯和恐懼的包袱，不然妳永遠無法自如地表達出妳的想法。

LESSON

02

好氣質從言談中來

人與人初次見面的好印象，大部分來源於對方的外在魅力—言談和舉止。而眼睛則是人內心情感直接流露的視窗。

眼睛是人內心情感直接流露的視窗。盈盈一水間，脈脈不得語，牛郎織女隔著銀河，只能靠眼波交流，可見眼睛在人際交往中具有多大的魅力。有一些人在對人講話時或者聽人講話時，眼睛不習慣注視對方，這種做法其實是不禮貌的。如果對方在講話時，妳眼神遊移不定、左顧右盼，他很可能會草草結束談話，甚至想是不是自己的談話很無聊或妳是不是有心事啊？

國人一般較為保守，直視對方的眼睛會感到很不自在，覺得害羞膽怯。其實，直視人的眼睛是一種很重要的說話技巧，這是在向對方表示我很注意在聽你說話或我很在意你。可是直視對方的眼睛，不是怒目而視，也不可如情人般脈脈含情，以免引起誤會，應坦誠自然、微含笑意。如果妳無法做到直視對方的眼睛，那就對著對方眼睛周圍的區域，令對方有注視之感，自己也可避免凝視時顯得呆板。

除了眼神能直接讓對方感到妳在注意傾聽他的談話，傾身向前也是一種禮貌的交談方式。傾身向前表示自己在恭敬地傾聽對方的意見，這樣一定會給對方留下溫文有禮的良好印象。

與人交往時一定要注意：握手時不可懶洋洋，更不能握住不放，特別是當對方是異性時更應注意；就座後不可抖動雙腿，或身體不時地搖晃，這是缺乏教養的表現；聽人談話時，雙手抱胸或蹺腳都是不禮貌的表現；行走時要平穩有力，上身左右搖晃顯示妳不夠莊重，缺乏教養。

言談中，好禮節加分無限

言談是人際傳播的重要手段，如果要使之在人際交往中發揮更大的作用，除了做到言辭達意外，還應力求以語言的禮吸引他人，以語言的美說服他人。下面介紹直接言談的禮節和間接言談的禮節：

（一）話題的選擇

所謂話題就是言談的中心，話題的選擇反應了言談者品味的高低。選擇一個好的話題，使言談雙方有了共同語言，往往就預示著言談成功了一大半。因此首先要選擇交談者喜聞樂見的話題；其次，要迴避眾人忌諱的話題，如個人的私生活（包括一個人的年齡、婚姻、履歷、收入、住址等或其他方面的家庭情況）、令人不快的事件（疾病、死亡、醜聞、慘案等）以及某人的生活習慣、宗教信仰、政治主張等等，以少談或不談為好；最後，不要談自己不太熟悉的話題。

（二）言者的表現

說話者語言表達應準確明瞭，語意完整合乎語法，語調輕柔親切，語速適中。同時，要顧及聽話者的情緒與心理的變化，不可滔滔不絕地說個沒完，或大搞酒逢知己千杯少、話不投機半句多而冷落了某些人，更不能選用只有在場少數幾個人聽得懂的外語或方言與個別的人交談，而置多數人於不顧。

（三）聽者的反應

與言者相比，聽者在交談中處於相對被動的地位，全神貫注、認真聆聽是其首要任務。在聆聽時要適時做出積極的反應，以表明妳聆聽的誠意，如點頭、微笑或簡單重複對方的談話要點等。同時，恰如其分的讚美不可缺少，它能使交談氣氛變得更加輕鬆、友好。輕易打斷對方的講話或隨意插話，是聽者的忌諱，因為這對於言者來說，有不敬、失禮之嫌，故應盡量避免。

迷死人的聲音

女人的可愛有三個方面：聲音、形象和性情。聲音對一個女人至關重要，因為人最常用的交流方式是說話。

生活中，女人的聲音往往比思想更重要。一個聲音好聽的女人，很容易被周圍的人接受，即使她思想簡單。相反，如果女人聲音難聽，儘管很有頭腦，別人也難有好感。當然，聲音難聽的女人而且也沒有頭腦的話，別人就更不願和她交往。

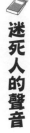

男人喜歡有女人味的女人，聲音則是體現女人味的最佳途徑。女人溫順的聲音能征服男人，越有陽剛之氣的男人，越容易被溫順的女人聲音迷得暈頭轉向。女人向男上司請假或爭取出差，用溫順的聲音事情一定成，男上司很難對這種溫順的聲音說不。有人說女人溫順的聲音是酒，是看不見火卻在燃燒的水。溫順的聲音表面很柔，但實質上卻像火一樣燙人。男人經常自吹是鋼筋鐵骨，但在溫順的聲音面前卻很脆弱。

有些聲音好聽的女人卻時常遭到男人的反感和抵制，細究其因，是因為這些女人的聲音透露出過分的驕傲和優越感。聲音是女人的武器，女人應特別注意不要讓聲音傷人。

響亮而生機勃勃的聲音，給人充滿活力和生命力的感覺。當妳向某人傳遞資訊、勸說他人時，這一點有著重大的影響力。當妳講話時，妳的情緒、表情和妳說話的內容一樣，會帶動和感染妳的聽眾。

適時把握自己說話的速度，是我們每個人都應該注意的問題。在與人交談中，講話的快慢將直接影響他人對妳意圖的理解。說話太快如同音調過高一樣，給人以緊張和焦慮的感覺。如果妳說話太快以至於某些詞語發音模糊不清，他人就無法聽懂妳所說的內容。

另一方面，如果說話太慢，則表明別人會以為妳反應遲鈍，過於謹慎，因而失去聽妳說話的興趣。所以努力保持恰當的說話速度，不要太快也不要太慢，並且在說話時不斷地調整。

LESSON

03

如何訓練金口才？

面對陌生的事物，我們很容易害怕退縮。想要讓自己能夠流利地表達意見，最好的方法就是讓自己習慣開口。做任何事情都需要練習才會進步，說話也是如此。

開口說話，難嗎？

通常我們第一次與陌生人交談，總是表情很不自然。但只要能鼓起勇氣和身邊熟悉或不太熟悉的鄰居說聲你好，就會發覺自己越來越習慣面對陌生人了。所以在任何場合，妳都要積極尋找和別人交談的機會，試著與他人閒聊、寒暄，從中學習說話的技巧，建立自信。

現在的年輕人有很多都不善言辭，究其根本，主要是因為他們習慣只與熟悉的朋友或同事交談。與熟人聊天就可以使用暗語和不為外人瞭解的私語等，所以當他們必須適應陌生環境所特有的談話方式和風格時，就一籌莫展了。

順利進行溝通的關鍵只有一點，那就是及早與對方建立相識的關係，接著逐漸加深彼此的親密度。最主要是先開口說話，問候對方。當主動與對方搭訕、打完招呼後，可由天氣等無關緊要的話題說起。和對方談話時，應盡量由對方說話，自己則當個稱職的聽眾。

事實上，只要當個好聽眾，就可以成為口才好的人。因為唯有仔細傾聽對方吐露的話語，才能說出符合對方心意的話。當對方感受到妳耐心傾聽的誠意後，自然就會對妳產生信賴感並進一步與妳交談。如此一來，說話者也將會說得更起勁，因為這表示對方也很重視妳。

我們常可看到以下的情形：工作的筋疲力盡的丈夫回家之後，主婦便開始訴說家庭中的要事、瑣事，先生卻只是將注意力集中到報紙或電視上。不久，太太見先生總是不搭腔，也就停止嘮叨，緊接著就是一片沉默。

一般來說，這是先生不熱情的態度造成的，這樣下去，夫妻間的疏離感會越來越大，越來越沒話聊。當然，太太也有責任，應該等先生稍作休息後，再開始和先生聊天，同時也應稍微選擇一下聊天的內容。只要當事人能意識到交談方式和內容的重要性，這種情形就很容易改善。如果是採取一切盡在不言中的態度，就不太可能培養起彼此良好的信賴感。因此與人談話時，必須明白表達自己的意思讓對方瞭解，這樣妳們的談話才有意義。

金口才來自好修養

女性交際語言的修養是一種品格和教養的體現。良好的語言修養體現在語言形式和內在氣質的有機配合上。如果光有運用語言的才能而無內在的氣質，那只能是油嘴滑舌、耍貧嘴；有美好的氣質，卻拙於言辭，同樣也無風度可言。

（一）思想修養

法國著名導演羅傑發掘了不少著名演員，在演藝圈內以最具眼光而聞名。曾有人問他是如何發掘那些人才的，他回答說：「只要和他面談五分鐘，大概就可以知道他是怎樣的一個人。」這個意思是說，從交談的內容中，可以發現一個人的品質與內涵。

交際主體構詞謀篇的材料和手段、說話的語氣和語調，以及運用體態語的身姿和表情等，都會反應交際者的水準和風度。一個人的思想和品格，同樣會在自己的語言中得到真實的反應。語言的品格修養主要有如下要求：

(1)言必真

語言的真實首先表現為內容的真實，也就是要有良好的話風，表現為講真話不講假話、講實話不講空話、講短話不講客套話。

要講真話，關鍵還要有真情。表達者要曉之以理就得先動之以情，只有把思想消融在情感裡，用蘊含著感情的理智，才能打通語言交際的管道，使語言能夠打動聽者，使雙方產生共鳴。

情感首先應當是真實的，凡是正直的人都喜歡聽真話，語言主體應當以由衷之言，去搖撼客體的心靈。人際交往，言多未必能夠獲勝，言少未必不能取勝，關鍵在於能否說實話、說真話。

(2)言必信

信用就是在交際中講真話、守信用，一諾千金就說明信用在人們心目中的作用。信用是人際交往的基礎條件。要守信，首先要言必信，行必果。商鞅變法前，曾用移木賞金的辦法來樹立信用，並由此得到全國人民的信任。

其次要不輕諾。輕諾就是在不瞭解客觀情況也不瞭解自身實力的情況下，就輕易地許諾。要做到沒有把握的話不說、沒有把握的事不做，如果承諾了而不兌現，就要失信於人了。

(3)言必誠

在人際交往中，要取得別人的信任，必須相信別人，用誠心換誠心。當然，信任也是建立在全面瞭解對方的基礎上的。在信任的前提下，也要防止輕信於人，從而避免受騙上當的現象發生。

（二）心理修養

女性交際語言心理障礙主要表現為以下幾個方面：

(1)羞怯心理

交際中的羞怯，一般有兩種表現：第一種是害羞，第二種是膽怯。害羞是交際過程中的表現，膽怯更多的是交際準備時的精神狀態。

羞怯心理大致有三種類型：一是習慣性的羞怯心理，多見於性格內向、氣質沉靜的女性。這是她們從小養成的習慣，見生人就臉紅，對生人常懷有膽怯心理。二是認識性的羞怯心理，這種類型的人過分注重自我，患得患失心理嚴重，一舉一動都怕人恥笑，非得很有把握才敢於行動。一旦準備不好，就會驚慌失措，失去方寸。三是挫折性的羞怯心理，這種人以前並不怕交際，只是因為某些交際活動中的失敗，接受了錯誤的教訓，從而對交際望而卻步。

羞怯心理不僅阻礙真誠人際關係的建立和發展，而且常使人陷入孤獨、焦慮之中，導致沮喪、不安等不良情緒的產生，久而久之，產生性格上的軟弱和冷漠。

要克服羞怯，首先要在交際中樹立自信心，要敢於肯定自己、善於發現自己的能力，而不要總是否定自己或者為自己的膽怯找藉口。其次不要怕別人議論，被人議論是正常的事情，再說人非聖賢，孰能無過，只有在失敗中不斷地總結經驗，才能不斷地提高自己的交際水準。

(2)嫉妒心理

嫉妒是一種古老的社會心理和意識，一種要求超過別人的衝動。這種衝動的積極作用在於不甘人後，力爭上游，但有時往往夾雜著低級的個人滿足的成分，一旦讓這種成分占了上風，就會產生嫉妒心理。

嫉妒同時又是一種扭曲的自卑，表現為不看別人的優點、長處，而總愛挑剔別人的缺點、毛病，不是設法彌補自己的不足，而是放冷箭、穿小鞋，甚至造謠生事以損害別人。要克服嫉妒心理，首先要正確認識其危害性。其次要善於自我轉換，用進取和發憤這些健康心理代替嫉妒心理。最後要有容人的雅量，要善於用寬闊的胸懷對人、對事，加強思想修養，提高自己的心理調適能力。

(3)孤僻心理

孤僻不是一種性格特點，而是一種心理病態。性格的孤獨即小心眼兒，表現為語言刻薄，說話時不顧及別人的尊嚴，只圖自己說話的一時痛快，這樣往往會影響正常的人際關係。

（三）語言修養

語言修養表現為兩個方面：一是語言文字水準，即做到詞要達意，要準確表達出自己的思想；二是語言組織能力。

在我們的現實生活中，常常出現詞不達意的尷尬。一位新郎在舉行結婚儀式時，發表了這樣一席講話：「由於本人初次結婚，缺乏經驗……歡迎大家留下寶貴意見，以便下次改進。」誰聽了新郎的講話都不免感到可笑。為什麼？就因為新郎只管套用時下流行的客套話，不顧自己所要表達的思想內容。如果語言措詞與思想內容相悖，不僅達不到表達目的，而且還會成別人的笑柄。所以提高語言能力也是現實工作和生活的必要。

學問是一個利器，有了這個寶貝，一切皆可迎刃而解。妳雖不能對各種專門學問皆有精湛的研究，但是所謂常識卻是必須具備的，有了一般的常識，倘若再加以巧妙地運用，那麼就可以用簡潔生動的語言，表達出自己想要表達的意思。但如果以提升自己的口才能力為目的而去看報、聽演講和讀書，還得需要一定的技巧。

在妳看報紙的時候，最好拿一枝筆，把每天最有趣的新聞或是所見的好文章圈起來，要是能剪下來更好。每天只要兩則，兩個星期之後，妳便記得不少有趣的事情了。

每天看書、看雜誌或報紙時，用筆在某句精彩的話下面畫上線或者抄在筆記本裡，每天只要一兩句，又省事又容易記。可是不要小瞧這一兩句，如果妳每天不停地記下去，兩、三個月後妳就會發覺自己的知識比以前豐富得多了。

談話的時候妳會很容易地就想起它們，或者用自己的話把它們加以發揮，這些精彩的話隨時隨地都會跳出來幫助妳，解救妳的談話窘境。同時，在聽演講或在聽別人談話時，隨時把聽到的一些有趣的話或名言佳句記在心中，抄在紙上。久而久之，妳談話的題材和內容就會越來越豐富有趣，妳的口才自然就越來越精進了。慢慢地，就可以出口成章了，並且條理清晰、語句生動活潑。

知識是任何事業的根本。要使自己的談吐能適應任何人的喜好，就更要多閱讀書報雜誌，讓這些天地間的知識儲存在妳的頭腦中，到要運用的時候，經過妳的頭腦選擇整理，便能與人對答如流了。

禮節性的介紹與自我介紹

人與人之間透過介紹而相識是最自然的一種方式，很快就能經由寒暄進入交談。同時，對別人進行介紹的過程，也是展示妳修養與品味的一面鏡子。下面便是每個有品味女人不可不知的一些介紹技巧：

介紹別人時應注意的六個事項：

（一）尊重別人的意願

當妳給別人做介紹時，要注意他們之間有沒有認識的意願，要特別注意他們之間有沒有什麼不愉快。

（二）注意介紹的順序

要特別注意介紹的順序，這是介紹的第一禮貌。如果把介紹對象的先後順序搞錯了，常會使某些重要人物心裡不高興。

一般情況下，介紹的順序大致有如下十種：

(1)介紹年長者與年幼者認識時，應先介紹年幼者，再介紹年長者。
(2)介紹長輩與晚輩認識時，應先介紹晚輩，再介紹長輩。
(3)介紹老師與學生認識時，應先介紹學生，再介紹老師。
(4)介紹女士與男士認識時，應先介紹男士，再介紹女士。
(5)介紹已婚者與未婚者認識時，應先介紹未婚者，再介紹已婚者。
(6)介紹同事、朋友與家人認識時，應先介紹家人，再介紹同事、朋友。
(7)介紹來賓與主人認識時，應先介紹主人，再介紹來賓。
(8)介紹社交場合的先至者與後來者認識時，應先介紹後來者，再介紹先至者。
(9)介紹上級與下級認識時，先介紹下級，再介紹上級。
(10)介紹職位身分地位高者與職位身分地位低者認識時，應先介紹職位身分地位低者，再介紹職位身分地位高者。

（三）注意介紹時的手勢

在做具體介紹時，應有禮貌地平舉右手掌示意，眼神要隨手勢指向介紹的對象，而不應用手指指劃或眼手不協調，顯得心不在焉。

（四）對青年男女的介紹

介紹男女青年相識時，一般不宜介紹私人生活方面的情況，諸如居住地址及婚姻之類的情況。

（五）介紹朋友相識要消除他們的陌生感

介紹朋友相識時，不能一介紹後就馬上走開，特別是介紹男女朋友相識時更應注意，如果妳走得太早，雙方就可能談不起來。因此在介紹後，應稍等片刻以引導雙方交談，等他們談得融洽時再藉故走開。

（六）應注意介紹姓名

做介紹時要注意介紹姓名，例如這就是我的同學，就不如這是我的同學XXX這樣的介紹明瞭。

介紹者懂得正確介紹的禮節，會使雙方都能在自然而愉快的氛圍下展開新的友誼，不然就會使雙方不能暢談下去。所以在介紹時，要注意一些細節和忌諱。以下就是自我介紹時的六點忌諱：

(1)不要過分地誇張熱誠，如用力握手或熱情地拍打對方的手背。
(2)不要態度輕浮，要尊重對方。
(3)如果希望認識某一個人，要採取主動，不能等待對方注意自己。
(4)不要只結識某一特定類型或領域人物，應該和多方面的人物打交道。
(5)如果一個以前曾經介紹過的人未記起妳的姓名，也不要做出提醒式的詢問，最好的方式是直截了當地再自我介紹一次。
(6)不要中止別人的談話而介紹自己，要等待適當的時機。

交談時不可忽略的細節

交談時的語言運用十分講究，作為一個具有格調的現代新女性，也需要懂得一些本土語言文化的精髓。

(一)尊重對方

尊重和謙讓可以縮短交談雙方的心理距離，減輕對立情緒。尊重謙讓的語言，體現了妳對對方的尊重與重視，對方會反過來尊重妳、重視妳。

(1)要用尊重的語言對待對方或屬於對方的事物

注意：稱呼對方時，不要稱妳而應該稱您。妳一般用於比較熟悉的朋友之間，對於剛見面的對方，還是稱您比較恰當。

(2)要用謙遜的語言來稱呼自己或屬於己方的事物

謙遜地自稱為敝人，不過現在敝人這詞一般只適用於開玩笑時酸溜溜的口吻中了，一般還是稱自己為我較為合適。交談中對自己一方同事之間最好直呼其名，以示親密無間，稱某先生、某小姐反嫌生疏。

對於中年以下的女性，最好一律稱呼小姐，女性一般都忌諱別人認為自己年齡大。如果已經知道對方的職務，可以用「姓氏」加「職務」的方式稱呼，即使對方並非自己的上司，這樣的稱呼也會自然地拉近與對方的距離，使交談比較易於開展。除恰如其分地稱呼對方以外，周到的應對用語也是取得交談成功的一個小小的祕訣。

（二）讓別人記住妳是誰

初次見面時的交談是非常重要的。如果在談話上一開始就出師不利，要挽回這種劣勢，那就要花費九牛二虎之力，而且還不見得有用。因此和別人見面時作為開始的自我介紹絕不可馬虎。那麼應該如何自我介紹呢？

首先要面帶微笑，笑容會令對方感到溫暖。如果沒有面帶微笑，就無法製造融洽、和諧的氣氛。當妳們見面時，目光相對、互露微笑之後，接下去就是自我介紹，除了姓名要講清楚外，最好能附帶一句，比如說王，就是國王的王。這樣不但不會使對方產生誤解，還可以加深印象。

另外有一點非常重要，自我介紹當然是要使對方記住自己的名字，但同時妳自己也必須記牢對方的名字。如果妳沒記清楚的話，不但會讓對方感到失望，而且也是一件很不禮貌的事。有沒有什麼有效的辦法能使自己記住對方的名字呢？最好的辦法就是找機會說出對方的名字，這樣能幫助記憶。

再者，如果在講話中時常提到對方名字的話，對方一定會覺得妳很重視他而感到愉快，因此可以促進感情的交流，這是在英國及美國社交中常用的方法，值得借鑑。

（三）常用客套話

有一些用語是已經約定俗成的了，女性學習一些常用的相關用語是非常有必要的，不僅可以為我們在某些重要場合大開方便之門，更能透過這些規範術語的運用，體現出妳的語言貴族的身分。

初次見面說久仰，分別重逢說久違。請人批評說指教，求人原諒說包涵。求人幫忙說勞駕。麻煩別人說打擾，向人祝賀說恭喜。請人看稿稱閱示，請人改稿說斧正。求人解答用請問，請人指點用賜教。託人辦事用拜託，讚人見解用高見。看望別人用拜訪，賓客來至用光臨。送客出門說慢走，與客道別說再來。陪伴朋友用奉陪，中途先走用失陪。等候客人用恭候。歡迎購買叫光顧，歸還原主叫奉還。對方來信叫惠書，老人年齡叫高壽。

善用肢體語言，增添吸引力

在與人交談的時候盡量不要背對他人。別人在桌上讀書寫字的時候，不要晃動人家的桌子，也不要靠在別人身上。一個人的肢體語言最能表現人的雅俗了，人們身體的每一個姿勢變化，通常都反應了人的修養。步伐矯健、輕鬆敏捷，能讓人感到年輕、健康和精神煥發；步履蹣跚、彎腰弓背、垂首無神，往往給人以醜陋庸俗、無知淺薄或是精神壓抑的不好印象。

在一些高雅的社交場合，要注意妳的舉手投足都是妳自身修養的體現。手不要弄出聲響，手上不要玩紙筆，也不要擺弄任何東西，因為這樣會顯得很不嚴肅。雖然在場的不同人面談時採取的禮儀不同，但一個有良好修養的人無論在和什麼身分、什麼地位的人談話時，都會表現出一種讓人賞心悅目的氣質和風度來。

除非是和自己最親密且對方也不拘小節的人談話，一般情況下，都應該正面對著妳的談話人說話。背對他人說話不應該是一個有良好修養的人做的事，這樣會給不甚熟悉的人不被尊重的感覺。就其談論的話題來說，背對他人說話往往會導致心不在焉，如果再加上心緒不佳，對於對方提出的問題牛頭不對馬嘴地回答，那可就太不好了。

有些人和人說話時總是喜歡黏在別人身上，不是把手搭在別人肩膀上，就是靠在別人身上。這樣的儀態確實很糟糕，即使是穿上再高貴華麗的衣服，也會因為歪歪扭扭的姿態而讓服飾變了形。這樣做還很讓別人難為情，不僅覺得身上像多了個累贅似地難受，而且在心理上也會覺得彆扭。

說話要有吸引力，說話時的身體姿態也很重要。好的身體姿態會為妳的語言錦上添花，並讓人產生一種舒適和受到重視的感覺。如果妳想真誠地聽人說話，那就端坐或站立。站立時，兩腳平行放置，全身放鬆，這表明妳穩穩地站著而不是隨時準備抬腳就走。就座後，不要交叉雙腿或雙腳，因為這樣會給人敵視或防備的感覺。在妳與人說話時，不時將身體稍稍前傾以表示在專心聽講，因為這暗示著妳很樂意與對面的人交往。

在社交場合與人交談時候，請不要將手揹在身後，那樣會使妳的身體向前弓，看起來毫無英姿。也不要把雙臂緊緊交叉於胸前，身體向前傾，除非妳這麼做是要對某人表示防備、疑竇和敵意。有的人喜歡把兩手置於腦後，十指交叉，摟住後腦，身體稍後仰，這種人往往都有著較高的地位，或者是受人尊敬的長者。除非在認真地思考某個問題，否則不要把十指交叉放在眼前，因為這樣別人會以為妳很緊張或很沮喪。

人們都知道搓手常用來表示對某一事件的急切期待，所以如果妳不停地搓手，別人會以為妳心事重重。玩弄手指也不是好的行為，因為只有年幼無知或沒有自信的人才會這麼做。在社交場合中，正確的舉止是讓胳膊自然下垂或在身前相互交叉，一定要別人看見妳的手，這樣才能顯得自己坦然穩重。

主動與長者交談

先開口對人說話是一種禮貌，特別當對方地位比我們高或比我們年長時，無論如何我們都應該先開口說話。

年輕人和老年人之間的差別不僅僅是在年齡上，興趣和愛好也各不相同。老人們和妳一樣，也會在黑暗的午夜醒來時感到孤獨，也會因為不受歡迎而感到沮喪，對春天和友誼也都懷著美好的嚮往。作為晚輩，要努力做到讓長輩健康、愉快和長壽。這樣的責任不僅體現在承擔物質的贍養上，比金錢更重要的是要撫慰老人的精神，幫助他們感受新思想、感受年輕人的快樂。在做這些的時候，年輕人也不只是付出，在和老人交往的過程中，我們也會學到很多東西，能夠不費周折就獲取人生的經驗和教訓。

和老年人交談，要發掘讓他們感興趣的話題。一個人老了，思想會欠缺柔軟度，會具有濃厚的懷古趣味，和他們交往要注意這兩點。大多數老年人，都喜歡自豪地對人談及他過去的輝煌歷史，這就是懷古趣味了，他們希望得到年輕人的崇敬。回想起往日某個美好時刻時，老人就會變得像孩子一樣快樂，說的話也更多。妳可以詢問他的童年是怎麼過的、他事業成功的經驗、他最風光的時候，甚至妳還可以問他的愛情羅曼史等等。這些話題能激發老人的記憶力，點燃他們談話的熱情。

和老人交談時，應該尊敬、熱情，但不可過分地恭維，這樣才能讓他感覺可信而親切。如果妳不同意他的某些觀點也可以據理辯駁，但這個時候妳必須記住，通常的老年人都比較固執，因為他們經歷了大半生，經驗的積累使得他們自信對事情的判斷不大可能有錯。

還有和老人爭辯時也要注意分寸，不要公開頂撞老人。通常，老人大都極力捍衛強烈的自尊。如果覺得他們不可能改變想法，那我們應該耐心地聽他把話講完，採納其中合理的成分。

另外，上了年紀的人多數都有嘮叨的習慣，或許他們對自己的經驗有十足的信心，對於年輕人的一些做法不大同意，也或許他們經常回憶往事。如果妳聽他講了好久，又確實索然無味，也得耐心些，盡可能讓他講完，然後迅速離開。不過在妳離去時，切不可流露出不耐煩的樣子，應該對他的談話表示由衷地感謝。

當長輩與人交談時，要安靜地傾聽他們的談話，不要講話也不要在旁邊笑。尤其是要與長輩交談時，一定要以長輩為交談的主角，讓他們暢所欲言，一般不宜隨便提出新的話題，更不能以自己為中心干擾原來的談話氣氛，只有在得到對方示意的情況下，方可談論自己的看法。

CHAPTER 02

能言又善道的口才技巧！

LESSON

04

舌燦蓮花，高手過招

家庭主婦碰面時談論的話題是物價、孩子如何等家庭瑣事，而商人們碰面時則會談論經濟問題或是交際應酬中的趣事，可見不同身分的人喜好談論不同的話題。

家庭主婦碰面時通常談論的話題是物價如何、孩子如何等等家庭瑣事，而商人們碰面時則會談論經濟問題或是交際應酬中的趣事，可見不同身分的人喜好談論不同的話題。因此如果妳對必須為三餐終日奔波的人大談國外風光、旅遊趣事，妳很有可能會遭人白眼，畢竟他們連基本的溫飽都成問題，哪還有心情和妳討論各地的風光呢？但是如果妳和他談致富之道，他一定會很有興趣，甚至還會成為妳的好聽眾。

瞭解對方的興趣

我們在與他人談話之前，應該先瞭解對方可能感興趣的話題是什麼，即使每個人感興趣的話題不同，但都離不開日常生活。這也就是說，只要我們在平常的生活中，保持著敏銳的觀察力，就可搜集到豐富的談話題材，進而能夠與不同階層的人交談。

在某次家庭聚會上，有人提起一位明星偶像，並且向朋友詢問相關的消息，朋友打趣說道：「妳是坐四望五的人了，怎麼還會對年輕的歌手如此關心？」那人急忙回答說：「別取笑我了！那是我小兒子崇拜的偶像。前幾天我聽他提起時，不過隨口問了一句他是誰，我兒子竟然說我落伍了，所以才想問妳曉不曉得那位年輕歌手的消息，好讓我瞭解一下。」

流行是最普遍的話題，也是現代人生活的一個指標，所以當紅的明星、流行的服飾、流行的話語等等，均有可能是熱門的討論話題。如果家長想和子女們聊天，一定得先知道現在有哪些受歡迎的歌星與流行歌曲。同樣，在辦公室或是私人聚會上，新穎的流行趨勢也可能是吸引人的話題。雖然有些人對於新奇的事物，有時會因感覺不習慣而容易產生排斥感，然而培養廣泛的興趣，也是增加生活話題的條件之一。

由於人們常常會有先入為主的觀念，進而對於自己不熟悉或看不慣的事情產生反感。例如父母對於兒女經常出入酒吧、舞廳感到十分反感，並且認為那些地方是不良的娛樂場所，甚至極力禁止兒女們涉足其中。一些保守的人對於現代社會的生活方式，也可能頗有微詞或是抱怨，儘管這種拒絕接受的心態，往往會妨礙他們吸收新知識或減少體驗精彩人生的機會。

當我們能夠培養開放的觀念時，將有助於我們與他人快樂地交談。培養開放的觀念，並非是指妳要拋棄原有的價值觀，或是被迫毫無選擇地接受所有的新資訊，而是希望妳不要墨守成規，一味排斥潮流，並且要以開放的心態接觸更多的事情，藉以增加經驗，充實談話內容。

此外，搜集一些有趣的話題以及對方的個人情報，也將有助於談話的順利進行。對談話人物有所瞭解，能使我們充分掌握對方有興趣的話題，並且維持談話過程的良好氣氛。即使是想與初識的人交談，我們也能從對方的自我介紹中，獲得相關的交談資訊。

學會傾聽

用心傾聽能獲得對方的好感，這是成功交際的祕訣。那些受人尊敬且正在成功的道路上闊步前進的女性們，一般都不會忽略其他人的意見並剝奪對方的發言權。不到萬不得已，她們是不會輕易強迫對方接受自己主張的。

通常，當我們碰到一個只顧自己高談闊論，絲毫不考慮他人的意見和感受，也不給他人留一點兒發言餘地的女性時，我們一般都會採取緘口不言、充耳不聞或心不在焉的消極態度，讓我們的大腦關閉起來，或自由自在地漫遊，無論對方說對說錯都當做耳邊風。

一些才華橫溢的人往往容易自我感覺良好，喜歡在別人面前誇耀自己的才能或賣弄口才，順應自己的說話衝動而剝奪別人說話的權利，這是令人十分厭惡、十分反感的做法。不管自己的見解有多麼高明，別人也會因反感其做法而置之不理，真是自討沒趣。

一般女性都會覺得自己說比聽別人說來得過癮，因為我們都有表現自我、顯示自我價值與存在的強烈慾望。如果碰到有人表現出非常喜歡聽自己談話的樣子，給自己的慾望提供了滿足的機會，就會因自己的願望得到滿足，而對他人產生好感。

傾聽是一種美，是一種不易覺察的奉獻精神，是一種內秀。要想別人成為自己的聽眾，自己應首先學會傾聽，敞開自己的心扉，接納他人受傷的心，給予他人最溫暖的慰藉。同時，應有最起碼的保守他人祕密的道德，不要把知心話當做與他人閒聊時的話題，否則妳會傷害一個人的自尊，從而失去一份彌足珍貴的情感。

說出特色

一個有自己語言特色的女孩子是令人著迷的。因為別人會從她的語言魅力感受到她內在氣質的高雅。那麼怎樣才能讓自己的語言有特色呢？

（一）用多種方式來表達

培養自己的語言特色是需要長期的功力的。首先，要經常注意自己的語言，不要總是採取同一種說話方式。試一下，以各種方式來表述一件事或陳述自己的某種心情，這樣妳的語言將格外生動，而不是永遠都是老一套。留意妳的語言，千萬不要在這方面是一個貧乏的人。其次要想出語打動人心，一句千金，必須找到自己獨特的表達方式。所以在平時就要注意培養自己的語言表達能力，培養自己的幽默感。一個沒有幽默感的人是說不出好聽的話來的。

（二）把握自我的語言魅力

要把握自己的語言魅力，要注意以下幾點：

少說乾巴巴的事理，多抒發感情，用感情去打動人，在感情中去讓別人接受妳的道理。溫和的情調永遠都是動人的。在說話的時候，最好是既透露了自己的觀點又流露了自己的溫柔，這樣的女孩子是最能夠說服他人的。

善解人意是妳說話的基礎，特別是面對一個不善於表達自己的男人，他會格外珍惜善解人意的女孩子。

（三）語言要生活化

人與人之間的交流，應該運用樸素的語言，運用大家都習慣和愛好的語言，否則別人就會感覺妳像異類。記住，妳的語言一定要生活化，只有用講話者和聽者雙方都習慣、都感興趣的語言來表達，才容易溝通感情、交流思想。

一般來說，女性比男性能言善辯。但如果妳又能說會道，又追求語言的華麗新奇，一字一句過分雕琢，聽者就會對妳產生不信任感，從而對妳的談話予以拒絕。一個會說話的女孩子，她的語言一定是自然、樸實的，既生動又親切，而且簡練，其中能夠包含深刻的思想，也表達了真實的情感。要知道，再漂亮的語言也不能夠像真實的感情那樣動人。樸素明朗的言談用語，沒有半點矯揉造作，才是大家都容易接受的。

挑選適宜的話題

適宜的話題，總是會引起大家的共鳴，所以話題的準備也是非常重要的：

（一）準備好許多有趣的話題。如果感覺某個話題反應熱烈，就引導這個話題繼續下去。

（二）知道如何巧妙地轉換到聽眾感興趣的話題上。能快速地轉換話題，如從商業轉換到國際政治，或從生態環境轉換到明星等。

（三）談些經驗和知識性的話題，而不是憑空臆測。
（四）告知朋友們感興趣的好消息，並且協助傳佈那個好消息。
（五）知道何時可談公事，何時不可談，要知道老談公事的人經常令人厭煩。

拒絕有術

在社交場合中，我們總是遇到一些人向我們提出一些不當的要求，我們或不好意思或因為其他原因，不能直接生硬地拒絕。怎麼辦呢？我們可以偷換概念、移花接木，或者自言自語拒人於無形中。以下幾種方法，妳不妨參考：

（一）移花接木

當對方提出某種妳不想做的事情，妳可以偷換概念、移花接木，用別的事情去應付，從而巧妙地拒絕對方。

一位鐘錶推銷員在挨家挨戶地推銷鬧鐘。他叩開了一位太太家的門，說：「夫人，您應該有個鬧鐘，每天早晨好叫您起床。」那位女主人回答說：「我看不需要鬧鐘，有我丈夫在身邊就足夠了。妳大概不知道，他能到時間就鬧。」這位女主人的拒絕，既幽默風趣又非常委婉，令推銷員再也無法開口。

（二）自言自語

人們礙於面子，推拒話往往不好正面說出口，有人總結出了一條拒絕他人要求的經驗：如果裝作自言自語說出心中所思所想，可令對方知趣而退。

某服裝公司收到一長期合作的供應商的樣品，雖品質上乘，但款式卻已過時，收下這批貨一定會滯銷，成為公司負擔，不收下吧，供應商又是老客戶了，一直合作很愉快，並且有幾次還幫過公司的忙，怎麼辦呢？

當天傍晚，公司經理請供應商吃晚飯，兩人一邊吃飯，一邊望著窗外衣著時尚女士款款走過。這時，經理自言自語道：「現在的女孩子，對衣著越來越講究了，不但要質地好而且要款式新潮，看那件印花鏤空的連衣裙，既典雅又大方，一股時尚氣息撲面而來⋯⋯」聽到這兒，供應商若有所悟，隨後不好意思地說：「多謝你的提示，我馬上叫設計師修改花型，原來那批貨我全部拿回。」如果經理直接回絕供應商，對方會覺得難以接受，就會傷了感情，可能還會由此失去一個多年的合作夥伴，但利用自言自語的方法，流露出內心思想，既使對方自己放棄，又不傷和氣。

（三）先揚後抑

單刀直入、開門見山式的拒絕，猶如當頭一盆冷水，會使人難堪；而先揚後抑是一種避免正面表述、間接地主動出擊的技巧。即首先順著對方的思路走，當對方進入角色時話鋒一轉，製造出意外的效果，讓對方自動放棄過分的要求。

有一位歌迷抓住了一個機會，想求一位當紅女歌星給她一張演唱會的票。歌星手中也沒有票，但是她沒有直接拒絕，因為直接拒絕太傷歌迷的面子。於是她採用了先揚後抑的方法，平靜地答道：「我非常想送您一張票，但非常遺憾，我手上一張票也沒有。不過，在大廳裡我有一個位置，如果您願意……」歌迷非常興奮地問道：「那麼，這個位置在哪裡？」歌星答道：「不難找——就在麥克風前。」

（四）自我否定

瞭解對方的性格特點，試探對方的心理，然後發動心理攻勢，引導對方自我否定，迫使對方不得不放棄不合理的請求，拒人於無形之中。

馬玉玲與方麗華是大學時的同學，兩人很是喜歡古代清官的故事，電視劇一集不落，小說一本一本地看，如海瑞、包公的故事幾乎能倒背如流。一次，馬玉玲的弟弟涉嫌犯罪被提審，此案恰好落在她昔日好友方麗華的手中。一天晚上，馬玉玲前往法官方麗華家，希望她能念及同窗情誼，在審判的時候手下留情。方麗華很為難，一不能徇私枉法，二又不好得罪同窗。

她說：「馬玉玲，我很懷念我們少年時意氣風發的樣子，特別喜歡妳背誦『包公鍘陳世美』那一段。」馬玉玲也很高興，二人沉浸在過去的回憶之中。方麗華感慨地說：「記得我們當年立下誓言，以後誰做了官，一定要做個為民請命的清官，我一直以此作為自己的座右銘呢。」馬玉玲本已設計好了一大套說詞，但聽了方麗華這一席話，再也不好意思開口了。

LESSON

05

打造萬人迷的語言魅力

最好的方法是以對方作為話題，如服裝、髮式、化妝等，尤其是初次見面的人。先關心別人是找尋話題的訣竅，因為每個人都希望別人關心自己。

有些人一見面，話題總離不開今天的天氣如何？或你在忙什麼？只要聽到這些，就知道這是一個不善言談的人。最好的方法是以對方作為話題，如服裝、髮式、化妝等，尤其是初次見面的人。先關心別人是找尋話題的訣竅，因為每個人都希望別人關心自己。

一位節目主持人說過：我透過主持節目多年的經驗得知，凡是有人說「跟她談話很愉快」或「她說的話很清楚」的這種人，通常她們的發言時間只有別人的三、四成，其餘時間都是聽別人說話……

一位演員曾說：一天，我獨自在一家西餐館喝咖啡，鄰桌坐了幾位小姐，其中一位悄悄地說：「嘿！妳們快看！那不是×××嗎？」另一位答曰：「真的！不過比電視上難看。」當時我想了很久，覺得十分納悶，為什麼她不說「電視上的他比較好看」呢？

如同有兩個人說同樣一件事，其中一人說：「她皮膚很白，但是長得太胖了。」另一個則說：「她很胖，但是皮膚很白。」假如這兩句話是用來品評妳的，妳喜歡哪一種說法呢？由此可知，只要稍微改變一下說法，即可產生完全不同的效果。

但是問題的關鍵還是在於說話者的心裡是否顧及到對別人的關懷呢？一個人有時也需扮演丑角。例如有個同事正忙著工作，妳正好有事找她，她卻不耐煩地說：「唉呀！討厭！我忙死了！」這時，妳千萬不要與她爭吵，妳可以說：「啊！對不起，我正在失業中，如果您有事，儘管吩咐……」在那一瞬間，妳的這句回答必可緩和緊張的氣氛，對方也會感覺自己說話太過分，她必會道歉：「我真抱歉，對妳實在太不客氣了。」

保持良好的說話態度

如果在與人交往中，能向人展示良好的說話態度，則是對對方的一種尊重，同時，對方也會同樣對妳尊重。

那麼在日常交往中，應該怎樣展現妳的良好態度呢？

（一）對別人正在做的事表現出強烈的興趣，譬如事情如何做的、從何開頭的等等。

（二）誠心誠意並利用適時的機會讚美，不要有絲毫的誇張和矯揉造作。如果能再加入一點幽默的字眼兒，就不至於令人尷尬、困窘。

（三）有禮地接受讚美，不要拒絕別人的美意。如果某人想向妳保證沒有做過某事，理所當然地要表示理解；但是如果某人讚美妳的作為，妳不應該否認，而應感謝讚美者的好意。

（四）不在別人面前駁斥某人的話。如果某人為一個觀點極力地辯護，而妳卻毫不留情地反對，是一件相當無禮的事。妳可以不帶惡意地做消極的回應，在私底下再向對方展開妳的火力。

（五）幫助害羞的人，使之覺得自己是談話的一份子。如果妳注意到坐在角落的人，沒有人和他說話，可以問他對某些事情的看法，並把他介紹給大家認識，藉此讓他與當下的群體打成一片。

增加自己語言的磁力

現代女性都十分重視增加自己的吸引力，但是大多數人把工夫花在服裝與美容上，卻很少有人認識到，得體優美的談吐更能增添女性的魅力。因為服裝與美容畢竟只能增加一點外在的美，優美的語言則完全是女性高雅脫俗的內在氣質與修養的投射，它給人的是一種值得玩味的、悠長的美，更能深入地打動異性的心靈。

那麼女性應該從哪些方面培養自己優美的談吐，增加自己語言的磁力呢？

（一）飽含溫情

對女性來說，會不會說話並不是最重要的，有沒有感情才是更要強調的，因為這首先是一種對他人的態度。飽含溫情的話語，就像是一縷春風，溫暖他人的胸懷，同時也映襯出女性善良的美德。

（二）善解人意

人們普遍有一種心理，即對那些對自己的一言一行能心領神會的人，都有一種由衷的欣賞與喜愛。女性天生比男人心細，與人交談時，如能發揮出這方面的優勢，善解人意，及時為人解憂消愁，就極易獲得對方的好感與青睞。

（三）真誠自信

我們常會遇到這樣的女孩，人家誇她妳今天穿的這條裙子挺漂亮，她卻直搖頭：醜死了，我一點都不喜歡。這樣的回答缺乏自信，讓誇她的人都覺得掃興，不喜歡妳穿它做什麼？充滿自信的女孩則會恰到好處地表現自己，既不自輕，也不盛氣凌人，給人的印象自然是很生動的、很有個性的。

（四）反應伶俐

女性說話一般不宜唇槍舌劍、咄咄逼人，但是並不等於說女性要放棄反駁的機會與權利。相反，女性如果鍛鍊自己具備一種思維敏捷、應答機智的能力，那麼這樣百伶百俐的聰明女孩走到哪裡不受歡迎呢？

（五）活潑俏皮

無論男女說話帶點幽默感，無疑會增強語言的磁性。但女性的幽默應是一種軟性的幽默，溫和、風趣，顯示出女性活潑俏皮的一面，不能像男性那樣誇張而失去典雅的趣味。

（六）溫婉含蓄

女性相對於男性感情要細膩敏感得多，而且更易害羞，所以說出話來往往含蓄委婉，有豐富的言外之意，充滿了巧妙的暗示，聽起來有一種回味無窮之美。因此女性欲想使自己的談吐更加動聽，就應特別注意在含蓄蘊藉這方面下點工夫。

（七）柔聲嬌語

女性無論是體質還是心理，都有比男性柔弱的地方，所以女性不必總要堅強，在適當的時候，對自己的丈夫、戀人或要好的同事撒點嬌，耍一點小孩子脾氣，將自己的柔弱暴露給他們，讓他們有一點顯示男子漢氣概的機會，這無疑是一種既省事又討好的策略。

掌握簡單實用的交談技巧

現在越來越多的女性在各個領域擔負著重要工作，她們在各種場合非常重視和男性交談的技巧。交流學家提出了九種方法，可以提高交談中的交流藝術：

（一）緊緊圍繞妳的交談目的和目標。女性容易因談話時離題而導致交談失敗。

（二）避免以問題形式提出自己的主要觀點，更不要以高尖音調講話，因為這說明妳心中緊張，缺乏把握性而需對方來做決定。

（三）放開說話的聲音，用發音清楚、音調平和的方法講話。

（四）適當選用動作語言。與男性相比，女性在交談過程中總是有些拘束，因此女性要自如地運用眼神、姿勢或表情來傳達資訊。

（五）盡早、盡多地亮出妳的主要話題，因為男人不習慣傾聽女人長時間講話。

（六）要爭取獲得他人對妳觀點的支持，否則女性比男性更容易被人認為智力、才能不足。

（七）有效地應用幽默和微笑。

（八）不要輕易抱歉。女性容易頻繁應用對不起之類的字眼表示同情與關心，這有礙於交談過程中保持一定的身分地位。

（九）交談最後應做肯定性結論，但不要過分傲慢。

如果妳按著以上所說的去做，妳與他人的交談將會更加成功。它會幫助在場的每個人放鬆，同時也顯示了妳的自信心和權威性。

LESSON

06

社交場合的禁忌語

一天中，人們在睡覺之餘的十六小時中，約有百分之七十時間用於交往。交往的形式很多樣，最為普遍的是交談。而交談中隱藏不少的禁忌，聰明的女人不能不知。

交談中的十大戒律

在日常生活中，交談是人與人之間溝通的重要手段，這種雙向溝通，任何一方的疏忽都有堵塞管道的可能，而且引起堵塞現象的大多不是語言本身，而是情緒的干擾。那麼我們如何減少交談中的情緒干擾呢？下面的十大戒律，可供妳參考：

（一）搶接對方的話頭，這樣會擾亂對方的思路，引起對方不快。

（二）忽略了使用解釋與概括的方法，使對方一時難以領會妳的意思。

（三）由於自己的注意力分散，迫使對方再次重複說過的話。

（四）像傾瀉炮彈似的連續發問，使對方一時難以應付。

（五）對待對方的提問，漫不經心回答，言談空洞，使對方感到妳不願為對方的困難助一臂之力。

（六）隨便解釋某種現象，輕率地下斷語，藉以表現自己是內行。

（七）避實就虛，含而不露，使對方迷惑不解。

（八）不適當地強調某些與主題風馬牛不相及的細微末節，使對方厭倦，同時對旁人過多的人身攻擊，也會使對方感到窘迫。

（九）當對方對某話題興趣不減時，妳感到不耐煩，立即將話題轉移到自己感興趣的方面去。

（十）將正確的觀點、中肯的勸告當成是錯誤和不適當的，使對方懷疑妳話中有戲弄之意。

上述交談方式，形成者大多已成習慣，使得交談管道堵塞還不自覺。因此，要克服它並非稍加警惕就可奏效的，必須嚴於律己，持之以恆，不妨書寫十戒，當做座右銘。

社交場合的舉止禁忌

女性在社交場合應該注意以下一些禁忌舉止：

（一）不要耳語

在眾目睽睽下與同伴耳語是很不禮貌的事。耳語可被視為不信任在場人士所採取的防範措施，要是妳在社交場合老是耳語，不但會招惹別人的注視，而且會令人對妳的教養表示懷疑。

（二）不要失聲大笑

另一個令人覺得妳沒有教養的行為就是失聲大笑。儘管妳聽到什麼驚天動地的趣事，在社交場合中也得保持儀態，頂多報以一個燦爛的笑容即止，不然就要貽笑大方了。

（三）不要滔滔而談

在社交場合中如果有男士與妳攀談，妳必須保持落落大方的態度，簡單回答幾句即可。切忌忙不迭向人報告自己的身世，或向對方詳細打探，這樣不是把人家嚇跑，就是被視作長舌婦人。

（四）不要說長道短

饒舌的女人肯定不是有風度教養的社交人物，就算妳穿得珠光寶氣，一身雍容華貴，如果在社交場合說長道短，揭人隱私，必定會惹人反感。再者，這種場合的聽眾雖是陌生人居多，但所謂壞事傳千里，只怕妳不禮貌、不道德的形象從此傳揚開去，別人——特別是男士，自然對妳敬而遠之。

（五）不要經常嘮嘮叨叨

不要只談一些雞毛蒜皮的瑣事，或者不斷地重複一些膚淺的笑話和一無是處的見解。墨子曾教誨弟子不要說太多話，否則就像池塘裡的青蛙，整日整夜地叫，卻從不為人所注意。

CHAPTER 03

職場女性的金口才

LESSON

07

妙語如珠的求職語言

很多女性在平時的人際交往中都能談吐自如，但一到求職時，就因為緊張等原因而難以言語流暢，其實，只要妳掌握了求職的技巧，就可以像平時一樣發揮絕佳口才。

電話求職的說話技巧

求職電話打得好，表現得彬彬有禮、思維敏捷、吐字清楚、詞達意切，往往會給用人單位留下良好的第一印象，有先聲奪人的效果。那麼打求職電話需要哪些技巧呢？

（一）通話前應有充分的準備

一般來說，公司在進行簡單詢問後，都要求求職者寄簡歷，甚至在電話中就進行第一關口試，再決定是否需要面談。如果把事情想得太輕鬆，一旦突然被問到應聘的動機、以往的工作經驗、未來的工作設想等問題，恐怕會因為沒有準備而無法答得很好。所以在通話前應該對對方可能問到的問題有所準備，以防被打個措手不及。

（二）選擇安靜的通話場所

這一點很好理解，如果在吵鬧的街上或熱鬧嘈雜的商店裡打求職電話，不僅雙方都聽不清楚對方在說什麼，而且很容易讓人煩躁。這樣的求職電話往往是失敗的。

（三）通話時間的選擇

不要在對方可能忙於處理其他事務時打電話，例如上午十點鐘以前。一般來說，這段時間的業務都是比較繁忙的，對方很可能因為正在等一個重要的業務電話，而想馬上結束與妳的通話。臨下班前半小時也不宜通電話，以免影響了對方的收尾工作。午休時間打電話影響別人休息，是不禮貌的，效果也不好。另外求職電話不應打到當事人的家裡。

（四）通話內容簡明扼要

打求職電話要簡單扼要，敘述要有條理。漫無邊際的馬拉松式談話會影響對方工作，也影響他人使用電話，並給人留下婆婆媽媽、抓不住重點、拖泥帶水的印象。求職電話一般應首先詢問對方是否要人，要用什麼樣的人才，然後做個簡單的自我介紹，詢問對方是否可以面談。如果招聘單位有意面談，可約好面談時間、地點，而且要記清楚。

（五）打電話時語言連貫

不用這個、那個之類的習慣用語，也不可心情緊張，說話結結巴巴。要盡量用國語，使接話人聽得清、記得住。談話要保持中速，不急不緩，因為說話從容往往給人以穩重、可靠的印象。打電話時要注意語氣和聲調，以顯示自己是講文明、懂禮貌的人。嘴要對著話筒，說話音量不要太大，也不要太小。咬字要清楚，吐字比平時略慢一些，語氣要自然，當對方不夠熱情時，更要注意自己的語氣和聲調。

（六）禮貌談吐顯誠意

既然妳決定打求職電話，說明妳對用人單位有誠意，因而必須講禮貌。盡量使用禮貌的用語，多用您少用妳之類的稱呼。接通後，應有禮貌地問清對方單位的名稱，說出要找的人的姓名。如果對方就是受話人，應先問候，然後談話；如果對方不是要找的受話人，應有禮貌地請求對方去傳呼受話人；受話人如果不在，妳應主動請接電話的人把自己的電話和姓名轉告受話人；如果需要他人轉告受話人事情，要禮貌地請求對方記下。通話結束時，應該禮貌地說聲再見，這是通話結束的信號，也是對對方表示尊重，聽到對方把話筒放下後再把電話掛掉。

面試時談話應對的高招

求職面試時，為了能在較短的時間內成功地推銷自我，應試者的講話策略與口才是一個關鍵因素。教妳幾招，不妨一試：

（一）把緊嘴巴，三思而後答

面試場上，考官們經常採用的一個基本策略就是盡量讓應試者多講話，目的在於多瞭解一些應試者在書面資料中沒有反應的情況。

有一位求職者在面試時，當考官問她有什麼缺點時，她按事先準備好的答案做了回答。但她一看考官聽了之後沒有應聲，就以為是自己答得不好，又怕冷場，於是又講了一個缺點。可是考官一直靜靜地聽著還是不說話，就這樣，求職者一個又一個地講了不少，而且都是沒有經過預先考慮過的，俗話說：言多必失。這樣應答是不明智的，其結果吃虧的往往是應試者自己。

妳在面試時一定要注意把緊自己的嘴巴，如果認為已經回答完了，就不要再講。最好不要為了自我推銷而試圖採用多講話的策略，來謀求在較短的時間內讓招聘方多瞭解自己，事實上，這種方式對大多數人來講並不可取。該講的講，不該講的絕不要多講，更不要採取主動出擊的辦法，以免畫蛇添足、無事生非。

（二）留足進退餘地，隨機而應變

面試當中，對那些需要從幾個方面來加以闡述或者圈套式的問題，應試者要注意運用靈活的語言表達技巧，不要一開始就把話講死。否則很容易將自己置於尷尬境地或陷入圈套之中。

當考官提出「妳認為應抓住幾個要點」之類的問題時，妳的應答最好這樣開頭：「我認為這個問題應抓住以下幾個要點。」在此用幾個而不用具體的數字三個、四個或五個來回答，給自己預留下靈活發揮的空間，可以邊回答，邊思考，邊豐富內容。反之，如果話一講死，一旦出現語塞就會慌亂、緊張，本來完全可以應答的問題也就答不好了。

當考官提出據說妳對「ＸＸ」問題很有研究，不妨談些妳的看法，這樣一些誘導式的問題時，妳的應答須特別謹慎。因為考官提出問題的時候，就把妳界定在一個特定的背景下，實際上是為了對妳做深入瞭解所設定的圈套。即使妳真的對「ＸＸ」問題很有研究，也切不可自以為是，否則妳將面臨難度更大的追蹤性問題。妳不妨這樣回答：「談不上很有研究，只是略知一二，可以共同探討一下。」這表面上是對考官的謙恭，而實質在於給自己留下迴旋的餘地，以便隨機應變。

（三）穩定情緒，沉著而理智

有時面試時，考官會冷不防地提出一個應試者意想不到的問題，目的是想試試應試者的應變能力和處事能力。這時，妳需要的是穩定情緒，千萬不可亂了方寸。

有一家外貿進出口公司在一次人才交流會上招聘祕書，某小姐過關斬將，各方面的條件都符合招聘單位的要求，正當招聘單位欲拍板錄用她時，一名考官靈機一動，又提了一個問題：「小姐，如果在將來的工作中，妳接待的客人要妳陪他跳舞，妳不想跳，但不跳又不行，妳會怎麼辦？」

沒想到考官的語音剛落，那小姐當即漲紅了臉，對著招聘人員憤怒地說：「妳們是什麼鬼單位，在這裡擺攤招舞女！」說完，連求職資料也未取回就氣呼呼地揚長而去。其實那家公司是一個很正派、很有聲望的企業，那位考官提出的問題，可以說是工作中常會碰到的問題，並沒有什麼不健康，也不難回答。如果是妳，不妨這樣回答：「我們這個公司是一個正規企業，我想不會碰上不三不四的人，正常情況下跳跳舞也不是什麼壞事。」

（四）不置可否地應答，模稜而兩可

應試場上，考官時常會設計一些無論妳做肯定回答還是否定回答，都不討好的問題。比如考官問：「依妳現在的水準，恐怕能找到比我們公司更好的單位吧？」如果妳的回答是肯定的，則說明妳這個人心高氣傲，或者身在曹營心在漢；如果妳的回答是否定的，不是說明妳的能力有問題，就是自信心不足；如果妳回答我不知道或我不清楚，則又有拒絕回答之嫌。真是左右為難！

別急，當妳遇到這種任何一種答案都不是很理想的問題時，就要善於用模糊語言來應答。可以先用不可一概而論作為開頭，接著從正反兩方面來解釋妳的觀點。不妨這樣回答這個問題：「或許我能找到比貴公司更好一點的企業，但別的企業在對人才培養方面或許不如貴公司重視，機會或許也不如貴公司多。我想，珍惜已有的是最為切實的。」這樣回答，不僅能讓自己置於一個有利的位置，而且會讓考官領略到妳的高明和厲害。

（五）圓好自己的說辭，滴水而不漏

在面試中，有時考官所提的一些問題並不一定要求有什麼標準答案，只是要求面試者能回答得滴水不漏、自圓其說而已。這就要求應試者答題之前，要盡可能考慮得周到一些，以免使自己陷於被動。

有一位商場的採購經理參加一次面試，當考官提出：「請妳舉一個實例說明妳的工作規範和流程。」她回答：「這有可能涉及到我們的商業祕密。」考官說：「那麼好吧，請妳把那些不屬於商業祕密的內容告訴我。」這樣一來，問題的難度更大了。她先得分清楚哪些是商業祕密、哪些不是，一旦說漏了嘴，則更顯出其專業水準不夠。不能自圓其說，很可能會被逼入死角。

有兩個典型的考題，在面試場上出現的頻率最高：一是妳最大的優點是什麼？二是妳最大的缺點是什麼？這兩個考題貌似簡單，其實很難答好。因為接下來考官會追問：「妳的這些優點對我們的工作有什麼幫助？妳的這些缺點會對我們的工作帶來什麼影響？」再之後，還可能層層深入，乘勝追擊，應試者是很容易陷入不能自圓其說的尷尬境地。面試在某種程度上就是一種鬥智，妳必須圓好自己的說辭，方能滴水不漏。

(六)不拘一格地思維，歪打而正著

面試中，如果考官提出近似於遊戲或笑話似的過於簡單的問題，妳就應該多轉一轉腦子，想一想考官是否另有所指，是否在考察妳的ＥＱ或ＩＱ。如果是，那就得跳出常規思維的束縛，採用一種非常規思維或發散式思維的方式去應答問題，切不可機械地做就事論事的回答，以求收到歪打正著的奇效。

一個學歷並不高的女性到一家大公司應聘管理人員的時候，一位考官突然提問：「請問，一加一是多少？」女青年先是一愣，略一思索後，便出其不意地反問考官：「請問，你是說哪種場合下的一加一？如果是團隊精神，那麼一加一大於二；如果是單槍匹馬，那麼一加一小於二。所以『一加一是多少』？這就要看你想要多少了。」由於女青年採取了非常規性應對方式，在眾多應試者中她便脫穎而出了。

(七)擺平自己的心氣，委婉而機敏

應試場上，考官往往會針對求職者的薄弱點提出一些帶有挑戰性的問題。比如對年輕的求職者會設問：「從妳的年齡看，我們認為妳擔任經理這個職務太年輕了，妳怎麼看？」對年齡稍大的求職者又會設問：「我們覺得妳的年齡稍大了點，恐怕在精力方面不如年輕人，妳怎麼看？」面對這樣的考題，如果回答不對、不會、不見得吧、我看未必、完全不是這麼回事等等，雖然也能表達出自己的想法，但由於語氣過於生硬，否定過於直接，往往會引起考官的不悅。

比較好的回答應該是：這樣的說法未必全對；這樣的看法值得探討；對這樣的觀點可以商榷；這樣的說法是有一定的道理，但我恐怕不能完全接受等等。

總之，面對這樣一些帶有挑戰性的考題，妳一定要心平氣和，較為委婉地加以反駁和申訴，絕不可情緒激動，更不能氣急敗壞，以免引起考官的反感，而招致應試失敗。

（八）放飛想像的翅膀，言之而有物

面試中，偶爾也會出現一些近乎怪異的假想題，這類題目一般都具有不確定性和隨意性，這也使應試者在回答時，有了發揮想像的空間和進行創造性思維的領域，妳只要充分利用自己積累的知識，大膽地以假設對假設，就能夠爭得主動，穩操勝券了。

一位華裔小姐到一家美國公司應試，在微軟眾多稀奇古怪的問題中，她遇到了這樣一道怪題：「在沒有天平的情況下，妳該如何秤出一架飛機的重量？」這是一個假設性的問題，刁鑽怪異得近乎天方夜譚。這位華裔小姐來了個以牙還牙，也用假設法做了應答：「這要看妳用中國式還是美國式的方法了。假如是中國人，他會從古老的『曹沖秤象』中得到啟迪。假如果是美國人，他或者現實一些，拆下零件來分別過磅就是了；也可以浪漫一些，發明一種特大型吊秤也並非不可能。」這種極富創意的應答，令考官不得不為之驚歎，於是她順理成章通過了面試關卡。

（九）守好自己的人格，含蓄而大度

一些女性應試者在應聘諸如公關人員、祕書、演員等特殊工作時，經常會遇到考官提出的比較敏感的問題，一般來說，應試者可以採取較為模糊、含混而又大度的方式予以回答。因為這種情形下，考官的用意主要在於測試妳的應變能力或智商，所以模糊、含混一些非但無傷大雅，有時反而還能產生證實應試者智力和應變力的作用。

一位少女到某影視傳播公司應試，考官提出這樣一個匪夷所思的問題：「如果妳被錄用了，遇到這樣一個劇本，其中有裸體的鏡頭，妳該如何對待，是接還是不接？」

面對這令人難於啟齒的問題，少女臉一紅，旋即答道：「這要看哪種情形了。如果跟劇情關係不大，僅僅是為了招徠觀眾、取悅觀眾，我是不會主動接它的。當然，如果確實是因劇情需要，我想，我也會要求導演用其他方式來處理，比如畫面的朦朧感、鏡頭的調整等等。」

這種既不肯定又不否定的應答，看似模稜兩可，卻在護衛自己人格的同時，又巧妙地避開了問題的實質。難怪，考官們被她的聰明所打動，使之順利走向了銀幕。

（十）面對刁難巧較量，針鋒相對

應試場上，如果遇考官刁難，善於較量也是一個殺手鐧。一位華裔女生前往牛津大學面試，為了一個實驗課題，她與主持人發生了爭執。主持人有些惱怒道：「妳以為這就能說服我嗎？」不，不！應試的華裔女生平靜地說：「當然不一定，因為我還沒出生時，你就是心理大夫了。不過如果沒有人來做這個實驗，那就永遠不會有人知道我和你誰對誰錯。」

主持人仍然不依不饒：「就憑妳那個實驗方案？它有十處以上的錯誤！」華裔女生道：「那只能表明它還不成熟。正因為這樣，我才向您拜師來了啊！」

主持人愣了一下，又說：「妳以為我會指導一個反對我的人嗎？」華裔女生笑了：「我選擇這個課題，是因為你在自己的專著裡提出了這樣一個問題：『行為治療的目的，是為了給飽受痛苦折磨的人一個正常人生活的權利。』老實說，您書中的其他話我不一定贊同，可是這句話卻成為我前來求學的動力。」

在一番針鋒相對的較量之後，主持人不得不對這位東方女性刮目相看，他欣然錄取了這位頗有膽識與個性的華裔女生。顯然，這裡的殺手鐧，無疑是應試者在較量中，巧妙地引用了主持人的專著。

巧對求職時的敏感問題

用人單位在考慮聘用女職員時，常擔心婚姻和家庭會影響工作，所以面試時往往提出許多相關的問題。因此能否回答好這些問題，直接關係到求職是否成功。女性在求職面試時，常會碰到一些敏感的問題，總覺得如何回答都不妥，很難讓自己和別人都滿意。那麼究竟該如何應對這些讓人感到尷尬的問題呢？

（一）認為家庭與事業之間存在著難以調和的矛盾嗎？

這是一個老問題，也是一個難題。招聘單位自然非常希望妳以事業為重，但也很清楚妳希望擁有一個幸福美滿的家庭，後院不失火，才會使人無後顧之憂，集中精力做工作，充分發揮出妳的聰明才智。顯然，直接回答事業與家庭之間存在難以調和的矛盾，或根本不存在矛盾，都是不合適的。建議妳這樣回答：「我以為，無論在工作上還是在家庭中，女性的最大目標都是要使自己活得有價值。雖然我很想透過工作來證實自己的能力、體現活著的意義，但誰能說那些相夫教子培養出大學生、博士生的農家婦女，就活得沒有價值呢？」這樣回答，能恰到好處地體現出女性特有的剛柔並濟的特徵。

（二）妳如何看待晚婚、晚育？

別以為這個問題與工作沒有多大關聯。妳對此的回答是否得體，可能會直接關係到妳的應聘能否通過。招聘者之所以提出這個問題，是想知道妳在工作與生育的關係問題上持一種什麼態度。女性求職為什麼普遍比較難？這就是癥結之一。為了工作晚結婚、晚生育，當然是用人單位所希望的，但如果真的這樣做了，恐怕也會令人產生疑惑：「一個連孩子都可以不要的人，如果再有其他利益驅動，會不會拋棄一切，包括她曾經為之自豪的工作呢？」

妳可以這樣回答：「誰都希望魚和熊掌能夠兼得，當二者不能同時得到的時候，在一段時間內我會選擇工作，因為擁有一份好的工作，將來培養孩子就會有更為堅實的經濟基礎。我想總會有合適的時候讓我二者兼得。」這樣回答，或許真的能提醒上司在妳生孩子休息時，仍為妳留著原來的位置，而不讓別人取而代之。

（三）面對上司的非分之想，妳會怎麼辦？

應聘女祕書，往往會被問及這類話題。回答此類問題，最好委婉一些：「你們提出這個問題，我非常感激，這說明貴公司的高層領導都是光明磊落的人。不瞞諸位說，我曾在一家公司做過一段時間，就是因為老闆起了非分之念，我才憤而辭職的，而在當初他們招聘時恰恰沒問到這個問題。兩相比較，假如果我能進入貴公司，就沒有理由不去為事業殫精竭慮。」

這位女士的應答堪稱精妙。妙就妙在沒有直接回答該怎麼辦，因為那是建立在上司有非分之想的基礎之上的。她透過一個事例來表明自己態度的堅決，又沒讓問話者難堪。即使新老闆確有投石問路之意，日後也不會輕舉妄動了。

（四）妳喜歡出差嗎？

考官提出這個問題，並不是真的想知道妳喜不喜歡出差，工作需要時，妳不喜歡出差也得出。考官的目的是想透過此問題瞭解妳的家人，或者戀人對妳的工作持何種態度。不少剛工作的年輕女性面對這個問題可能會馬上回答：「我現在年輕，在家裡坐不住，特別喜歡出差。一方面為公司辦事，另一方面又可以領略到美妙的自然風光。」而有一位女士是這樣回答的：「只要公司需要出差，我會義無反顧。這兩年因忙於求學和謀職，幾乎沒出過遠門，儘管家人不反對，男友也想陪我出去轉轉，但終未成行。」「出差很可能會成為我今後工作的一部分，這一點在我來應聘前，家人早就告訴我了，我也有了充分的心理準備。」兩種回答都體現了不錯的口才，但第一種回答在表達效果上要差一些，出差順便逛逛風景名勝本在情理之中，但這樣一表白，難免會讓人對妳產生將出差與遊覽主次顛倒的感覺；第二種回答妙在那位女士深知考官提問的目的，回答切中了要害。

（五）據我所知，妳和妳的男友分處兩地，如果他要妳過去，妳會怎麼辦呢？

「我覺得我之所以來這座城市，就是因為覺得這個城市的機會很多，這對我有很大的吸引力。我來之前也和我的男友商量過此事，如果我在這個城市找到適合自己發展的舞臺，那麼他也會到這座城市來尋找機會的。」

（六）妳怎樣看待目前社會上存在的一些性別歧視？

應聘者可以這樣回答：「我認為這種看法會隨著社會的發展而漸漸消失的。現在社會上越來越多的女性，已經證明了女性的能力並不比男性差。但就我目前的情況來看，作為一名女性，我只能是更加努力，以此來證明我的能力，獲得社會的認同和尊重。」

LESSON

08

如魚得水的職場語言藝術

諸葛亮能夠說服孫權抗曹，藺相如能夠智勝秦王完璧歸趙，靠的就是自己的好口才。善於談吐的外交官能成功地維護本國利益。

諸葛亮能夠說服孫權抗曹，藺相如能夠智勝秦王完璧歸趙，靠的就是自己的好口才。善於談吐的外交官能成功地維護本國利益，同樣，作為一名職業女性，如果擁有一副好口才，同樣能受到同事的喜愛。

同事間的談話藝術

懂得欣賞同事的優點。當妳的同事有傑出表現時，妳應該誠心誠意地表示稱讚，這樣會使對方認為妳是她的知己，而對妳推心置腹。尊重同事的隱私權，避免讓關懷成為惡意的刺探。國人一向喜歡以嘘寒問暖來表達關懷之意，但最終往往流於議論別人的私事。因此與同事相處時，要尊重他的私生活，避免東家長、西家短的，因為很多事情局外人是無法瞭解的，如果以訛傳訛，將會造成嚴重的傷害。

與同事相處要公私分明。有些人因為私交很好，在辦公室時仗著私下關係親密而態度隨便或是有所偏袒，這種公私不分的態度很容易引起他人的反感。如果夫妻或情侶在同一單位辦公，上班時間最好公事公辦，不要常常膩在一起談話，以免引起其他不必要的風言風語。

有時，同事之間為了維護自己的利益和地位，常會在心理上築成一道藩籬，如果要把藩籬去掉，那麼我們應該在言行舉止上表示自己的善意和坦白，並常常考慮對方的立場，言行及態度不要太過嚴肅或太注重形式，盡量和同事打成一片，不要強調自己高人一等或擺出高高在上的姿態。

不論是在私下或是聚會場合與同事交談，應該避免言之無物，最好能提出有建設性的意見，使對方認為妳不僅為公司設想，同時也兼顧到同事的利益。當妳對某位同事或上司覺得不滿，也要盡量避免在他人面前提及；如果是對方有所抱怨，妳不妨暫時充當聽眾，最好不要反駁或是加以附和，如此不僅可以與對方維繫良好的關係，亦可減少不必要的誤解。

如果妳有才能應該表現出來，但不可鋒芒太露，否則容易遭忌。當妳提出自己的見解之後，別人自然會判斷此見解是否可行。如果不接受人家的提醒，又批評別人的意見，這樣貶損他人而褒揚自己，實在是下下之策。

使人有安全感是妳與同事相處的關鍵。因為妳不記別人的過錯，讓人不覺得妳有報復的意圖；與人談話不要每一次都搶風頭、占便宜，如此一來，別人自然會認為妳是最忠誠可靠的朋友，就會毫無顧慮地與妳合作。

誠懇地聆聽同事的意見，亦是增進同事情誼的方法之一。莎士比亞說：「對於他人的話，你要善意聽之，則你將得到五倍的聰明。」你如要改善與同事之間的人際關係，那就要承認對方的長處，而且時常表現出你認為他對公司、對自己都是十分重要的，讓對方覺得被重視。

在職場中我們要多長點心眼，尤其在說話中更要仔細斟酌，有些話在辦公室裡是不宜談論的，否則一句錯話會為妳招來不必要的麻煩。下面這幾個問題，最好不要在職場中談起：

（一）工資問題

現在，同工不同酬已經是老闆常用的一種獎優罰劣的手法。它是把雙刃劍，用不好，就容易引發員工之間的矛盾，而且最終可能調轉槍口，矛頭直指老闆，這當然是他所不想見到的。很多公司不喜歡職員互相打聽薪水，因為同事之間工資往往會有差別，所以發薪水時老闆有意單線聯繫，不公開數額，並叮囑不要讓他人知道。老闆對好打聽薪水的人總是格外防備。

所以妳不要做這樣的人，如果碰上這樣的同事，最好做好如何應對他的準備。當他把話題往工資上面時，妳要盡早打斷他，說公司有規定不許談薪水。如果他語速很快，沒等妳打斷就把話都說了，也不要緊，用外交辭令冷處理：「對不起！我不想談這個問題。」有來無回一次，就不會有下次了。

（二）雄心勃勃的話

但凡能做大事的人，都不是愛說大話的人。首先，在公司裡，要是妳沒事整天叨唸我要當老闆，我要開公司，很容易被上司當成敵人，或被同事看做異己。如果妳說在公司我的水準至少夠當主管，或者四十歲時我一定能當到部門經理，那妳很容易把自己放在同事的對立面上。在辦公室裡大談人生理想顯得滑稽，工作就安心工作，雄心壯志回去和家人、朋友說。

其次，妳公開自己的進取心，就等於公開向公司裡的同事挑戰。做人要低姿態一點，這是自我保護的好方法。妳的價值體現在做多少事上，在該表現時表現，不該表現的時候就得韜光養晦。

（三）個人感情問題

一定要牢記這句話：「靜坐常思己過，閒談莫論人非。」職場上風雲變幻、錯綜複雜，不談自己的感情問題，其實是非常明智的一招，是競爭壓力下一種有效的自我保護措施。

己所不欲，勿施於人。千萬別聊私人問題，也別議論公司裡的是非短長。妳以為議論別人沒關係，用不了幾個來回，就能燒到妳自己頭上，引火焚身，那時再逃跑就顯得被動。

（四）家庭財產問題

不是妳不坦率，坦率是要分人和分事的，從來就沒有不分原則的坦率，什麼該說什麼不該說，心裡必須有譜。就算妳剛剛新買了別墅或利用假期去歐洲玩了一趟，也沒必要拿到辦公室來炫耀。有些快樂，分享的圈子越小越好。被人妒忌的滋味並不好受，因為容易招人算計。無論露富還是哭窮，在辦公室裡都顯得做作。與其討人嫌，不如知趣一點，不該說的話不說。

（五）淡化成就

珍妮剛剛在一次銀行系統的業務競賽中贏得了幾項大獎。朋友們紛紛向她表示祝賀，問她都得到了什麼獎時，她說：「哦，其實沒什麼了，就是行裡頒發的幾個獎。」直到今天，大家也不知道她究竟得了什麼獎，但能肯定她一定是在某方面非常出色，所以才有這樣的殊榮。小姑娘用了個詞沒什麼，弱化了她取得成就的意義。

在工作場合，我們也會有類似的舉動，對我們的成就故意地輕描淡寫，好像不是因為我們的才幹、我們不懈地努力工作，才令我們取得如此的成功。對別人的祝賀和誇讚，女性經常這樣回答：「這其實不算什麼。我想我大概是因為幸運吧。」如果妳經常這樣講，多講幾次，最後恐怕連自己都會信以為真呢！

儘管女性還不曾壟斷客氣話市場，但肯定比男性更喜歡使用它們。所謂客氣話，就是那些能弱化、減輕重要意義的辭彙，貶低自己的成就。也許我們從小聽了太多的教誨吧，不要自吹自擂的說教，在我們的頭腦中已經深深地紮了根。

在此我們給女性朋友的積極忠告是：

客觀地評價自己的成就，不要使用客氣話。避免用只是……罷了、我僅僅……，或是我自己非常意外等。練習說：「謝謝您。我對自己能取得如此成就，也感到非常高興。」反覆練習，直到當妳聽到對妳的讚美時，能不假思索地脫口而出。如果妳想表現得謙虛、內斂，可以這樣說：「謝謝您。對取得的成就，我自己也感到非常自豪，我要把它歸功於那些一直幫助我的人。」

電話交流有妙方

我們在工作中，經常要用電話這個現代化的通訊工具和別人交流，那麼我們需要注意什麼問題呢？

通話之前應核對對方公司或單位的電話號碼、公司或單位的名稱及接話人姓名，寫出談話要點及詢問要點，準備好在應答中使用的紙和筆。

（一）通話前先打一個腹稿

這樣可以節省打電話的時間，同時這也是一個非常好的商務習慣。因為妳並不知道接電話的人正在忙什麼，在通話之前做到心裡有數，可以有效地節省時間，並能夠提高電話溝通的效率。腹稿打好之後再通話，做一個簡單的寒暄後迅速直奔主題，不要閒聊天、東拉西扯，偏離妳要表達的主要意思。

（二）確定對方是否具有合適的通話時間

當妳給他人打電話時，他們也許正忙於自己的某一事情。要等別人方便的時候才打，不要只方便妳自己。妳應當表明自己尊重他們的時間，並給他們足夠的時間做適當的調整。接通電話後可以先問：「妳現在方便說話嗎？」有些人不排斥晚上在家裡或大清早上班之前接私人電話，也有人只在辦公室接私人電話。也許妳打電話到別人家時，對方正在烤蛋糕或餵奶，或正在做其他離不開手的事情。這時接電話十分不便，因而打電話前應細心體察。

有時候，有一點點自私也無可非議，打電話可以僅僅出於這樣的理由：或許是安排見面時間、取消某個約定或者說聲生日快樂。普通的閒談也會很有意思，不過最好還是先發個電子郵件約個時間，看看現在妳們兩個是否都方便。

（三）表明自己打電話的目的

當妳接通電話時，立即向對方講明自己打電話的目的，然後迅速轉入所談事情的正題。職業專家們認為，商場上的機智就在於妳能否在幾秒內引起他人的注意。最有效率的領導人，幾乎從來不花費一分鐘以上的時間為任何事情進行討論。

（四）控制通話時間

在用電話進行溝通的時候，一般應該把時間控制在三分鐘以內，最長也不要超過五分鐘。即便這一次溝通沒有完全表達出妳的意思，最好約定下次打電話的時間或面談的時間，避免在電話中佔用的時間過長。

如果通話一段時間之後，妳還有其他事情要做，不要不好意思讓交談及時打住。不妨這樣說：「嗨，我只有十五分鐘的時間，可是我特別想知道妳的假期計畫。」這樣一來，妳就為妳們的對話設定好了話題和時限。忙碌的時尚女性們更喜歡事先設定好時限，不安排在她們最愛的電視劇時間聽那些毫無意義的閒扯。也不要跟那些無話可講的閒人乾耗，那些人只因為非高峰時間有折扣，就覺得打個電話起碼要超過半小時才過癮。

（五）設想對方要問的問題

當妳在電話中與他人進行商務談話時，對方肯定會問妳一些問題，所以妳應該事先準備好如何做出回答。一位公司的總經理助理打電話給郊區分公司的一位專家，請他參加總公司的會議。那個專家聽後立即說道：「為什麼我要跑這麼遠去參加這個會議呢？」在這種情況下，一個拙劣的回答可能是：「我想您最好來這兒。」但總經理助理事先預想到了這樣的回答，就十分機智地給予解釋說：「您是這方面的專家，而且我們討論的問題恰巧在您的研究範圍之內，因此如果您能光臨，會對我們有很大的幫助。」聽了這些話，那個分公司的專家當時就改變了態度：「好的，我會準時參加的。」

請記住，大家都喜歡聽好消息，不喜歡聽壞消息。不過，事實上我們很容易在電話裡傳播壞消息，如某人得了癌症、某人要離婚了、某人被炒魷魚了等；應該多散布好消息，如結婚、生小孩、升遷、某家小孩考了好大學，諸如此類。

表達自己的見解

很多職業女性在工作中都經常會遇到這樣的難題：開會時坐立不安，不斷觀察別人，不知該說什麼，一直等著發言的機會來臨。等的時間越長，就會變得越緊張，這個過程不斷升級，發言就變得更困難。最後會議結束了，機會也沒有了。相反，男同事總是非常踴躍地發表意見，事實卻可能是他的資料不見得比女性週全，最後的結果卻往往是公司採用了男同事的提案。一些職場女性總是擔心自己看起來很愚蠢，擔心自己的見解很可笑。如果總是這樣以別人的反應為出發點，將永遠不會有所進展。

職場女性該如何表現自己呢？

也許妳在表達自己見解的同時，仍然感到強烈的緊張，心怦怦直跳，臉很燙。此時要做的是繼續說下去，直到把想說的話說完。要知道，別人不可能像妳自己那樣注意到妳自己的緊張，所以真正使職場女性感到緊張的是妳自己而不是別人。妳必須要繼續說下去，每堅持一次，妳的信心便會增加一分。

大膽自信地表達自己的見解，是職業生涯成功的第一步。

蘇是一家合資公司的物流部經理，她為這家公司已服務了八個年頭。與同時進入公司的其他男同事相比，蘇發現自己晉升的速度太慢了。這讓蘇產生了強烈的挫敗感，並懷疑公司在用人方面存在嚴重的性別歧視。蘇帶著想要跳槽的念頭，走進了職業心理諮詢師事務所。

職業顧問經過對蘇的分析發現：「謀殺她職業生涯的元凶並不是性別歧視，而是蘇本人的表達方式。」現在讓我們一起來看看蘇是如何表達的：

不合適的表達方式：

（在開會過程中）

……

蘇：「我想說幾句。」

（這時所有人的目光都一齊轉向她，看著蘇，等待著她繼續說下去。）

蘇：「哦，其實也沒什麼。」

蘇的這種表現，在不知不覺中給別人傳達著這樣的信號：她不夠自信，欠缺一些擔任領導者的天賦和勇氣。正是她的這種表達見解的方式，使她的上級和同事都認為她只是一個愉快的合作者，而從未認真考慮一下她還能勝任更高的職位。

要勇敢地表達自己的見解並不容易，特別是當別人都注意妳、目光都一起看著妳的時候，妳就要面對新一輪的緊張。此時職場女性應該做的是繼續說下去，而不是怯懦止步。

適當的表達方式：

蘇：「對不起，我……我想說幾句。如果我們更多地考慮外地市場的需求，不是會更好一些嗎？」

經過職業顧問的輔導，蘇有了很大的進步，但她仍然還很緊張，表達得不夠流暢。這時如果能邀請其他人談談對自己見解的看法，可以使大家的注意力轉移到下一位發言者身上，這樣就可以及時地緩解自己的緊張了。

最好的表達方式：

蘇：「對不起，我想說幾句。如果我們更多地考慮外地市場的需求，不是會更好一些嗎？（緊接著說）我想知道大家是怎麼看待這個問題的。」

這樣蘇既表達了自己的見解，又使自己不至於被緊張所包圍。為接下來的繼續表達做好了良好的情緒準備，一旦討論的氣氛活躍起來，蘇的緊張會進一步地降低。這樣在下面的討論中她將更自信、準確、輕鬆地表達自己的見解。

向老闆說「不」的五大祕訣

在職場中，我們常常會遇到這樣的情況：「老闆叫妳做一件事，妳馬上應接下來，即使這件事不該妳做或超過了妳的負荷。」

（一）工作任務重，不勝負荷

當上司把大量工作交給妳使妳不勝負荷時，可以請求上司幫妳定出先後次序：「我有三個大型計畫、十個小型項目，我應先處理什麼呢？」只要上司懂得體會妳的意圖，自然會把一些細枝末節的工作交給別人處理。

（二）對新任職務不感興趣

當上司器重妳並將妳連升兩級，但那職務並不是妳想從事的工作時——妳可以表示要考慮幾天，然後慢慢解釋妳為何不適合這工作，再給他一個兩全其美的解決方法：「我很感激你的器重，但我正全心全意發展行銷工作，我想為公司付出我的最佳潛能和技巧，集中建立顧客網路。」正面地討論問題，可以使妳被視為一個注重團體精神和有主見的人。

（三）因個人原因，未能應付額外工作

告訴上司妳的實際情況，然後保證會盡力把正常的事務處理好，但超額的工作則不能應付了。上班時妳要全力以赴，表現極高的工作效率，假如妳在家庭出現危機時仍能完成工作，上司會覺得妳很敬業。

（四）對規定的工作期限有異議

當老闆訂下瘋狂的工作期限時，妳只需解說這項工作內容的繁重，並舉例說明同樣的工作量，將需要老闆規定的期限的幾倍，給老闆一定的考慮和決斷的時間後，再要求延期。假如果期限真的鐵定不改，那就請求聘請臨時員工。這樣做，上司可能欣賞妳的坦率，妳可能被認為既對完成計畫有實際的考慮，又對工作有一種積極的態度，不少上司都會晉升那些可以準確估計完成工作時間的員工。當然倒楣的時候也有，那就是被視為低效率。不過這樣的老闆早晚也會讓妳失望的，因為他心中沒數兒。

（五）不想挖上司的意圖做非法之事

當上司要求妳做違法的事或違背良心的事時，平靜地解釋妳對他的要求感到不安。妳也可以堅定地對上司說：「你可以解雇我，也可以放棄要求，因為我不能洩露這些資料。」如果妳幸運，老闆會自知理虧並知難而退，反之妳可能授人以柄。但假如妳不能堅持自身的價值觀，不能堅持一定的準則，那只會迷失自己，最終還是要影響工作的成績，以致斷送自己的前途。

向老闆提要求

向老闆提要求時，妳首先要考慮自己提出的要求能否被上司接受，關鍵是要做到以下幾點：

（一）向妳的上司提出要求之前，妳必須對妳的要求做好權衡

考慮一下，如果妳是上司，妳能否接受這樣的要求。倘如果妳自己都覺得這樣的要求不能被接受的話，那最好不要向妳的上司提出，否則目的達不到，還會給上司留下壞的印象。

選準時機向上司提出要求。最好是在上司心情愉快或較為空閒的時候，提出自己

的要求，這時候上司高興，妳的要求被接受的可能性較大。

（二）如果妳準備換個部門工作的話，那麼妳一定要有十足的把握

在新的工作崗位，妳應該比在原崗位做得更好，否則不僅使妳自己處在很不利的境地，而且還會讓上司很沒面子。

（三）要敢於向妳的上司提出要求，要敢於爭取自己的利益

一般來說，除非妳的工作十分出色，不然上司是不會主動褒獎妳的，有些時候自己的利益還是要靠自己來爭取的。所以當涉及自己的利益時，一定要敢於爭取，向上司提出妳的要求。

當然每個人的表達方式都會不同，關鍵一點是要有技巧地表現自己。向老闆提要求一定要注意心平氣和，要面帶微笑地陳述妳的主要理由，然後再委婉地提出妳的要求，盡量多使用徵詢的語氣。

選用恰當的離職原因

當妳去面試的時候，往往會被問到離開原單位的原因，面試考官能從中獲得更多有關妳的資訊。求職者面對這個看似簡單的問題做回答時切不可掉以輕心。

下面一些原因回答時要慎之又慎了，否則很有可能使妳的面試陷入僵局：

(一) 關於上司不好

對妳的前任上司切不可妄加評論，要知道現在招聘妳的考官，可能就是妳未來的上司。既然妳可以在他面前說過去的上司不好，難保妳今後不在他人面前對他說三道四。一個人要在社會中生存，就得與各色各樣的人打交道，挑剔上司說明妳對工作缺乏適應性。

萬方是一位很有工作經驗和工作能力的女祕書。當招聘她的女經理問她：「小姐，妳人這麼美、學歷又高、舉止又優雅，難道妳原來的上司不喜歡妳嗎？」萬方微笑著說：「也許正是因為美的緣故，我才離開原來的公司。我寧願老闆事多累下人，也不希望他們『情多累美人』。我想在您手下工作，一定會省去許多不必要的累。」萬方並沒有說老東家的好與不好，但一句情多累美人，既讓人同情也讓人愛憐。結果萬方很順利地走上了新的工作崗位。

（二）關於工作壓力太大

在這個快節奏的現代社會，無論是在企業內部還是在同行業之間，競爭都很激烈，同時也要求員工處於高強度的工作狀態。如果妳動不動就說在原單位工作壓力太大，很難適應，很可能讓現在的招聘單位對妳失去信心。

音秀原是某經濟報專刊部記者，報社不僅要求記者一個月完成多少字的文稿，而且還要負責拉廣告。中文系畢業的她對家電、電腦市場行情一竅不通，要寫這方面的文章，感到壓力太大。於是她到商業類報刊應聘新聞記者。負責招聘的考官問他，妳是否覺得在經濟報的工作壓力太大？音秀說：「作為年輕人，工作壓力大點沒關係，最重要的是希望找到能發揮自己專長的工作崗位。」結果音秀如願以償進了商業類報社，文章也頻頻得獎，很快當上了新聞部主任。

（三）關於收入太低

如果妳直截了當地說出這句話，面試考官一定認為妳是單純地為了收入還很計較個人得失，並且會在心裡想：「如果有更高收入的工作，妳肯定會毫不猶豫地跳槽而去的。」這種理念一旦形成，考官就可能對妳不理不睬。

心怡原在一家效益較差的企業做文案工作，後到現在的單位應聘工作。當時考官問她：「妳是不是覺得原來公司的收入太少才跳槽過來的？」心怡說：「在原公司我的工資還算高的，關鍵是我學的是財會專業，又有會計師職稱，來應聘會計職位是最適合不過的了。」

在回答這類問題的時候，求職者既要表明妳對原公司的薪資不滿，又要表明這並不是妳離開原公司的主要原因。這樣既有利於妳在新公司獲得更高的薪資，又讓面試考官覺得妳並非只是因為薪資問題才離職的。

（四）關於人際關係複雜

現代企業講求團隊精神，所有成員都要求具有與別人合作的能力。如果妳對人際關係膽怯和畏懼，可能會被認為妳心態不佳，處於憂鬱、焦躁、孤獨的心境之中，從而妨礙了妳的就業機會。

（五）分配不公平

現在企業中實行效益薪資，浮動工資制度是很普遍的，目的在於用物質刺激手段提高業績和效益，同時很多公司還採取了員工收入保密的措施。如果妳在面試時將此作為離開原公司的理由，一方面妳將失去競爭優勢，另一方面面試考官會認為妳有愛打探別人收入乃至隱私的嫌疑。

（六）關於競爭過於激烈

隨著市場化程度的提高，無論企業內部還是同行業間，競爭都日趨激烈，這是無法避免的。作為現代企業的員工，妳必須具備適應競爭激烈環境的能力。

LESSON

09

談話細節，不可不慎

所謂無意義的話，就是用來填補講話中間空白時所說的話，可能是嗯、哦等嘆詞，也可能是真正的詞語，像是「明白我的意思吧」、「妳看」等，但並沒有什麼實際意義。

一個人的談吐是否受人青睞有很多原因，其中談話細節就是一個關鍵。為此，我們要特別注意以下幾個方面：所謂無意義的話，就是用來填補講話中間空白時所說的話，可能是嗯、哦等嘆詞，也可能是真正的詞語，像是「明白我的意思吧」、「妳看」等，但並沒有什麼實際意義。

當這些無意義的話充斥在我們講話中間時，我們的講話就會顯得不甚連貫，聽上去自己也顯得猶豫不決。在短暫的停頓時間，任何用來填補空白的絮叨話，都算是無意義的話，白白讓聽眾分散注意力。

講話太溫柔，反扣分

聲音的高低也是我們影響別人的一種方式。女性喜歡溫柔地講話，可是如果我們非常溫柔地講話，那麼我們講出的內容就顯得不是十分確定，顯得缺乏信心。如果我們的聲音洪亮，我們就會自然地加一些肢體動作。正確的聲調再加上有力的手勢，會表現出講話者的權威性。

當面對一群人講話時，不妨假設他們聽力不好，聲音大點，好讓他們能聽見妳的話。去參加一個表演班或朗誦班，學習怎樣使用自己的聲音。如果人們讓妳重複一遍或是請妳聲音大點，記住他們的話，以後千萬別犯同樣的毛病。

給自己錄影，看看自己在會議上是怎樣發言或演講的。如果妳發現很難聽清楚自己講的話，但其他人的講話卻聽得清清楚楚，那說明妳的聲音太小，的確是該引起妳的足夠重視了。

聽聽自己的電話留言，客觀地分析一下，妳的聲音會給對方留下什麼樣的印象。練習一下，要讓自己的留言聽上去充滿活力和自信，這可是妳給別人的第一印象呢。想像一下自己的聽眾就是自己的客戶，妳的聲音環繞著他們，他們舒舒服服地深陷在椅子裡聽妳的演講。如果他們不得不探出身來，集中精神才聽得見妳的話，那妳就是沒有精心照顧到他們的需要。

聲音太尖細

為什麼一位女性跟同伴可以自然地談話，但等到一位男士參與進來的時候，她就突然改成假聲呢？妳很難看到男性會這麼做。當女性的聲音變得尖細時，聽起來更像孩子的聲音。女孩的聲音是什麼樣？靦腆、嫻靜、甜美，遠離權威。這也許就是某些女性想要的效果吧！

再說明一次，人們不僅僅對妳講話的內容有反應，對聲音也一樣，不過尖細聲音傳達的資訊很容易被人忽視。妳知道嗎，在剛剛有廣播的時候，新聞都是由男人播送的。我們都尊重和信任那個每天在晚飯時陪伴我們、直到我們長大的播音員，儘管我們對這個人的個性瞭解不多。直到今天，在晚間新聞類報導中，還是男性的聲音占主導地位，男性擁有所謂的充滿權威性的磁性聲音。

明顯降低妳的音調，妳的話就會引起更多人的關注和尊敬。也許這種觀點和男性強勢文化有關，低沉的聲音非常男性化，這種聲音容易與男性的權威連在一起。

在此給我們女性朋友提一些忠實的建議：

早晨起床後，吊一吊嗓子。無論發出什麼聲音都行，喔、喔、喔或是啊、啊、啊都行。但妳必須用自己最自然的音高，也就是妳一整天都要保持的音高。

參加一個合唱團，找出自己最合適的音調，妳不可能用假聲唱很久。學會用呼吸讓頸部和肩膀的肌肉自然放鬆。當妳緊張的時候，限制了喉部聲帶，音調就會升高。

想像妳的胸腔足夠大、足夠開放，想像妳的聲音在其中暢通無阻。重新塑造妳的聲音，摒棄任何限制妳自然發聲的習慣。

語速太快

一個人講話的可信程度，除了和講話內容有關外，與他的講話語速也有關。正確地使用語速，可以在講話中表現出自信心、權威性和思考的深度。如果語速太快，效果會適得其反。

當然，講話慢而占用過多的時間會被別人打斷，好像妳不配占用那麼多大家的時間，妳講的東西根本就沒有那麼重要，大家不必費時間去聽。可是急急忙忙地講話，又會讓聽者誤認為妳的話沒有經過大腦、沒有經過反覆的思考，會令聽者質疑妳所講內容的準確性。自覺性很強的女性在輪到她們講話時，會不由得加快速度，擔心自己已經占用了太多時間，想在話被打斷之前說完自己的意見。

在此給我們女性朋友提一些忠實的建議：

告訴自己，妳有權利和大家一樣占用時間表達自己的觀點。練習以中等語速講話，根據音樂的節奏練習效果會更好——當然不能選進行曲。請一位朋友或同事在妳講話太快的時候，用手勢提醒妳。

太囉唆的開場白

在進入主題之前，總要說段開場白。開場白有點像隨手塞到櫃子裡的小東西，如果塞得太多了，就會看不清櫃子裡原來裝的是什麼。從妳的話中捕捉到哪些是妳真正所要傳遞的資訊。

女性因為害怕被別人指責太直截了當、沒腦子、太冒失，所以喜歡用開場白來表現自己的委婉。聽到類似下面的開場白，妳會怎麼想呢？

大家都知道，最近我一直在考慮產品銷量問題，甚至還跟其他同事一起討論過這件事。大家的意見大體相同，都非常擔心最近這三個季度滯銷的事。所以說我的擔心不是個別的。仔細想想看，銷量降低也許不只是這三個季度的事，我們已經知道很長時間了，錯在沒有準確地算一算。無論怎樣，大家都在尋找解決問題的途徑。我想我已經找到了。當然，我不是說我的辦法最好，也不認為它是唯一的，只是一個辦法而已。事實上，我相信其他人也會想出辦法來的，到時候我會跟大家一起聽他說。現在先來聽聽我的看法，我的建議是……

問題出在哪裡呢？這個人講話的座右銘顯然是：能多說的時候，為什麼要少說呢？其實她的通篇講話只要用幾句話就可以有效、有力地概括了：「銷量是近來大家一直為之焦慮的問題，現在我有一個解決的辦法，想在這裡說說。」看，多麼簡潔有力。

在此我們給女性朋友的積極忠告是：

默念簡潔等於自信。如果妳要講一個非常重要的問題，在開講以前，先私下裡練習、練習，練習一下盡可能用洗練的語言來講。考慮清楚妳每次要講的內容，養成在開口發言之前先組織好自己思路的習慣。每次先問自己兩個最簡單的問題：「我的主題是什麼？我想讓聽眾考慮我的哪幾條提議？」要簡短，但同時還要感覺到有力。比如我提議我們現在進行交叉分析，找出過去三個季度減產的原因。

太多解釋

對應於囉唆的開場白，還有一個冗長的解釋。終於講出了自己的觀點，接著又給它添上了一段沉重的尾巴，搞得聽眾恨不得買單即刻走人。

囉唆的開場白再加上一個冗長的解釋，給了聽眾致命的雙重打擊。為什麼女性喜歡用這兩手呢？有這樣幾個原因：一是用比較多的辭彙，可以渲染出相對委婉的氛圍，似乎是上天讓女人不要表現得太強有力量。二是害怕自己表達得不夠深入，為了把問題講解透徹，我們只好不停地說下去。三是聽眾對發言沒有反應，為了獲得回饋，只好努力地講下去。最後一個原因是用講些無意義的話來掩飾自己的不安。

我們接著以上一節中出現的那位女士為例：

我不是說我的辦法是最好的，也不是說它是唯一的——我只是拋磚引玉罷了。事實上，其他人也會有好想法，我願意跟在座的一起分享。我的意見是做社會調查，就是走到員工中間去，問他們一些問題，比如工作的程序、對工作是否滿意、跟上司的關係如何等等，很多公司現在都這麼做。我們可以請諮詢顧問幫我們做這種調查，也可以讓我們的職員自己做。如果大家認為可行的話，我們就討論一下怎樣做最好。或者如果妳願意，也可以談一談調查的具體內容應該包括哪些。大家不反對的話，我可以去做這個調查，然後把結果報告給你們。

正像我們分析的，好煩。可以把妳的解釋刪掉百分之五十至七十五，一旦妳談出自己的論點後，用一到兩條論據來支持它，不要多說。如果妳想得到聽眾的反應，妳的靜默就是給他們的暗示。

如果採用以上的建議，全篇的講話應該是這樣的：「我提議我們進行功能分析，確定過去三個季度銷量降低的原因。分析結果會告訴我們：我們的優勢在哪裡，我們犯了什麼錯誤，我們應該從什麼地方爬起來再戰。我來帶頭做這件事。大家還有什麼要補充的嗎？」

太婉轉

女性不想表現得太鋒利，所以常常在表達自己意願的時候，加上很多的修飾語來軟化語氣，同時也弱化了自己要傳遞的資訊的意義。她們喜歡用的修飾語有：

情況好像是……

我們只是……

也許我們應該……

大概這樣做會好一點吧……

我們是不是該……

簡直令人著急。這種模稜兩可的講話令聽者一頭霧水，情不自禁要問：

到底是怎麼回事？

妳究竟想怎麼辦？

我們到底該不該做？

情況變好了還是沒有？

我們到底能不能做？

在此給我們女性朋友提一些忠實的建議：

表達自己觀點的時候，要用清楚、明確的語言。這樣做，不是武斷，而是直接、坦誠、有說服力、不拖泥帶水。如果妳不想表現得太鋒利，可以在結束妳的話之前加上若干補充，這樣既能軟化妳的語氣，同時也不影響妳的意思。比如說：「我認為現在就是開始行動的最好時機，我們不要再為剛剛討論的那幾條意見浪費時間了。當然，我也非常想聽聽在座各位的看法。」

如果妳對自己要講的事還不能完全肯定，就加上幾句開場白說明妳為什麼不肯定的原因。比如說：「根據現有的情況看，我不敢說我們是不是走得太快了，現在的情況出乎我們的意料，我還需要更多資料，然後才能得出自己的看法。」記住，要避免模稜兩可。

答非所問

回答問題時使用模稜兩可的語言，這僅僅是答非所問的一種情況，答非所問的外延要大得多。看看一位高級副總裁和他的下屬之間的對話：

大衛：「你認為我們是現在就告訴股東第四季度預計會虧損的情況，還是等我們瞭解損失的確切程度後再講呢？」

簡：「在準備四季度的財務報表時，我們可以公佈相應的資料。但只要我們再等等，我們手上就會有比較確切的資料了。我們現在就講，如果股東問起來，好多問題我們無法回答；可是如果我們現在不說，他們可能又會懷疑我們要隱瞞什麼。真是進退兩難。」

大衛其實早就知道這事進退兩難，他擔心的問題大概與簡差不多，現在他只是想聽聽簡的意見。人們通常把類似這樣的回答叫「空對空」。女性經常犯這樣的錯誤，她們以為把自己的分析拿到檯面上來，就是對這個棘手問題的回答。她們相信把各種選擇都提出來，有助於問題的解決。其實這樣做並沒有回答問題。這樣做的女性多半是在多方下賭注，希望自己安全一點。也有人把這種回答稱之為躲藏在基本事實後面不出頭。如果有人要妳的確切意見，妳應該給出自己的明確回答。

在此我們給女性朋友的積極忠告是：

有時候過於關注自己的答案是否完美、是否全對，也會妨礙我們直接、簡潔地給出我們的回答。對選擇題，經常聽見有人這樣回答：「我不能跟您說行還是不行。哦，妳肯定可以。問題是妳這樣說了以後，妳自己會冒險，把自己暴露在檯面上。但是即使是冒一點引發辯論的險，也好過空對空。」

直截了當地回答問題，就像在學校裡參加考試一樣，不要答非所問。在學校的考試題中，一般有四種題型：判斷題、填空題、選擇題和分析題。上面我們談到的那個問題就是選擇題：「我們現在就公佈消息呢？還是要等一等呢？」從妳嘴裡出來的回答應該非此即彼，或是妳自己給出第三個選擇。在後一種情況下，正確的回答應該這樣開始：這兩種做法都行不通，我覺得我們應該在公佈財務報表時公佈這件事。

使用基本思維方式組織妳的思路。例如本節前面講的問題，回答可以是這樣的：「我建議我們現在就公佈資料。這樣做，出於兩點：一是相信透露事實總好過隱瞞真相；二是我們預計將會虧損，可是如果我們的判斷錯了，虧損沒有出現，股東會鬆口氣，我們自己也沒有損失什麼。」

LESSON

10

女性領導者的金口玉言

一個成功女性有了好口才，就有了比一般人突出的優點，也會給自身帶來更多的利益和機遇，使機會更易於把握在自己手中，使不可能的事變成可能。

一個成功女性要想具備好的口頭表達能力，就必須擁有一個好口才。有了好口才，就有了比一般人突出的優點。因而也會給自身帶來更多的利益和機遇，使機會更易於把握在自己手中，使不可能的事變成可能，使失敗變成成功的突破點……

勤能補拙

有一個好口才是每一個女性所嚮往的。有的女人天生能說會道，有的女人天生木訥、嘴笨。但是如果注意練習，同樣會大有進步。

我大學時的一個同學秦永慧，是一個先天條件極差的女孩子。她的肺活量小，所以發音困難，而且還天生口吃。但她憑著不知疲倦的訓練和一種驚人的毅力，克服了這些先天的障礙。為了克服口吃，為了去掉講話時面部肌肉扭曲的毛病，她每天照著鏡子練習；她疾登山坡增大肺活量，以使嗓音響亮有力；她在操場上對著空曠的校園大聲演講，以此練習自己的發聲。經過這樣刻苦的磨練，她終於成了一個很棒的演講者。

當然，能否將自己的每句話藝術地在別人腦海中轉化為鮮明形象，這才至關重要。

平等地交流

常聽一些人抱怨他們的上司：「統治慾望太強烈了。老是命令職員這樣做，不要那樣做，煩死了。」其實，有些時候也不見得他說得不對，不知為什麼，就是老大不樂意。

在他手下謀職跟過去在衙門裡當差似的，真沒勁。上司說的並沒有錯，可是為什麼不能籠絡住下屬呢？根本原因就在於他說話的方式。人人都有自尊，有獨立的人格，每個人都希望自己能按自己的意思做幾件像樣的事情，而一個老是告訴妳應該這樣，不應該那樣的上司是不允許妳這樣的。被上司一天到晚指使不停，只能被動地接受上司的旨意，只會使職員反感，做事也提不起勁。於是大小錯誤便難免層出不窮了。

一個成功的女性，總要與各方面的人、關係、機構打交道。在這些交往中，通常會遇到一些困難和問題，可能導致雙方誤解甚至不信任。這對事業有百弊而無一利。因此我們應當學會怎樣表達、怎樣讓對方明白自己、怎樣讓對方心悅誠服地同意自己觀點的同時，還不感到丟臉或難堪。這也是一種人際交往的藝術、一門說話的藝術。

那麼一個成功的女性，應該如何表達自己呢？首先，需要瞭解一下幾種常見的交流語氣及其會對聽者產生的作用：

（一）權威型

俗話說：「人微言輕，人貴言重。」這句話的意思是如果說話人的威望高、有地位、受到別人尊重，這種人說的話就容易引起別人的注意，具有權威。但是，要記住，妳並不是柏拉圖或是愛因斯坦，妳也不是居里夫人或是海倫。即使妳獲得了事業成功，妳依然是千千萬萬女性中的一個，成功並不會給妳帶來特權，並不意味著妳就可以淩駕於他人之上，對他人發號施令，因為大家都是平等的。

所以權威的語氣只能讓聽者反感，讓對方如坐針氈，只想馬上逃開，甚至在內心冷笑妳的狂妄無知。

如果員工有意見想表達時，妳應該鼓勵他勇敢說出來，並且仔細聆聽對方的意見，如果有不清楚的地方，可以面帶微笑地再請他重述一次，等到對方說完之後，再針對疑問或缺失進行討論。

要求員工辦事時，應避免用命令的口氣。

一般上司要求員工做事時，很可能會有兩種情形。一是以命令的口氣要求下屬：「你要……你應該……」另一種則是籍詢問來傳達自己的意思：「如果換作是你，你會如何處理呢？」對大部分人而言，普遍較喜歡後者的態度。因為命令的語氣會使對方覺得不受尊重，因而對上司將自己視為奴僕般的指使很容易產生反感。

當下屬指出自己的錯誤時，應該勇於接受。許多上司自以為位高權大，如果被員工指出錯誤，常常不肯認錯且懷恨在心，日後進而百般刁難。

（二）平等型

平等型的談話方式，讓人感覺大家好像自己人。妳有妳的難處，我也有我的不適，大家互通彼此、不分上下。這種談話使自己的話更容易被接受，因為這種談話既不會讓人把妳看成是權威，可望而不可及，又不至於對妳不屑一顧。平等的談話也意味著妳必須克制自己的一些想法與衝動，與對方達到和諧。

人都是有點孤獨感的。如果妳以自己人的平等姿態與對方傾心交談，很容易獲得對方的信任，而且對方會在做出讓步的情況下，同意妳陳述的觀點。因為他也想和妳進一步拉近距離，成為妳的朋友。

（三）說話要適可而止

很多人都會有說自己的慾望，一旦有說的機會就會喋喋不休。這樣的事例讓我們明白，人都是以我為中心生活的，他們大都以為自己最了不起，往往要把話題轉到自己的身上，然後把我盡量暴露於人前。他們沒有想到，就在這一大堆嘮叨當中，別人對妳感到了厭煩。

指責與關懷並舉

當妳發現員工有所疏忽時，不妨先透過第三者提醒他。

某公司招募了幾位新人，這些新人的做事能力都不錯，但態度上稍嫌輕率，這使得主管相當困擾。最後他找來一位資深的員工，希望他在閒談之餘提醒這些新人注意自己的態度。這招果然奏效，這些新人從此在行為舉止上收斂了不少。

透過第三者提醒他人過失，可以緩衝對方的成見和反感，效果較為顯著。不過在使用這個方法時，一定要慎選傳話的人，避免狐假虎威，反而讓對方留下一個惡劣的印象。

應先說些為對方著想的話，其後才點出對方的缺失。有句日本俗語說：「罵一、誇二、教育三。」意思是當妳要責備對方時，只要指責他一點的不是，然後誇讚他兩點，再趁機教育他三點，自然能達到妳的目的。

美國百貨大王華納．麥克有一次在指責員工對顧客服務不週時，他對員工說：「你最近似乎情緒不穩，我很擔心你是不是遇到困難，如果有，不妨告訴我，我希望能幫得上忙。」當對方表示沒有時，他又接著問：「那是有別的事困擾你嗎？否則依你平日的表現，怎麼會有顧客抗議呢？」對方一聽，覺得十分羞愧，從此對顧客態度十分和善，又得到不少來自客戶方面的好評。通常一個人犯錯誤是有緣由的，如果主管能夠適當地表示關懷之意，必能使對方感動，並自我檢討。

人都有自尊心，因此即使員工有錯，妳也不可以在其他同事面前指責他、傷害其自尊心，最好的方式是在眾人面前褒獎，然後私下指正錯誤，讓對方信服。

稱讚女職員時，以誇讚其辦事能力更為重要。

在辦公室中，男女職員應該平等視之，如果常以女職員的外貌和裝扮為稱讚的重點，會使對方認為妳歧視女性。如果多稱讚她在公事上的表現傑出，那樣更容易讓對方覺得受尊重。

CHAPTER 04

場景說話術，要說也要練

LESSON

11

出奇制勝的推銷技巧

好的開場白是推銷成功的一半。在實際推銷工作中，推銷員可以首先喚起客戶的好奇心，引起客戶的注意和興趣，然後道出商品的利益，迅速轉入面談階段。

好的開場白

好奇心是人類所有行為動機中最有力的一種，喚起好奇心的具體辦法則可以靈活多樣，盡量做到得心應手，不留痕跡。一位人壽保險代理商一接近客戶便問「五公斤軟木，您打算出多少錢」？「如果您坐在一艘正在下沉的小船上，您願意花多少錢呢」？由此令人好奇的對話，可以引發顧客對保險的重視和購買的慾望。

人壽保險代理商闡明了這樣一個思想，即人們必須在實際需要出現之前投保。為了接觸並吸引客戶的注意，有時可用一句大膽陳述或強烈問句來開頭。六〇年代，美國有一位非常成功的銷售員喬·格蘭德爾。他有個非常有趣的綽號，叫做花招先生。他拜訪客戶時，會把一個三分鐘的漏沙計時器放在桌上，然後說：「請您給我三分鐘，三分鐘一過，當最後一粒沙穿過玻璃瓶之後，如果您不要我再繼續講下去，我就離開。」他會利用漏沙計時器、鬧鐘、二十元面額的鈔票及各式各樣的花招，使他有足夠的時間讓顧客靜靜地坐著聽他講話，並對他所賣的產品產生興趣。

假如妳總是可以把客戶的利益與自己的利益相結合，提問題將特別有用。顧客是向妳購買想法、觀念、物品、服務或產品的人，所以妳的問題應帶領潛在客戶，幫助他選擇最佳利益。

美國某圖書公司的一位女推銷員，總是從容不迫、平心靜氣地以提出問題的方式來接近顧客。「如果我送給您一小套有關個人效率的書籍，您打開書發現內容十分有趣，您會讀一讀嗎？如果您讀了之後非常喜歡這套書，您會買下嗎？如果您沒有發現其中的樂趣，您把書重新塞進這個包裝裡給我寄回，可以嗎？」

這位女推銷員的開場白簡單明瞭，使客戶幾乎找不到說不的理由。後來，這三個問題被該公司的全體推銷員所採用，成為標準的接近顧客的方式。

另外，好的開場白應該會引發客戶的第二個問題，當妳花了三十秒的時間說完妳的開場白以後，最佳的結果是讓客戶問妳，妳的東西是什麼？每當客戶問妳是做什麼的時候，就表示客戶已經對妳的產品產生了興趣。如果妳花了三十秒的時間說完開場白，並沒有讓客戶對妳的產品或服務產生好奇或興趣，而他們仍然告訴妳沒有時間或沒有興趣，那就表示妳這三十秒的開場白是無效的，妳應該趕快設計另外一個更好的開場白來替代。

如果妳賣的是電腦，妳就不應該問客戶有沒有興趣買一台電腦，或者問他們是不是需要一台電腦，妳應該問：「您想知道如何用最好的方法，讓你們公司每個月節省五千塊錢的行銷費用嗎？」這一類型的問題可能比較容易吸引客戶的注意力。

「您知道一年只花幾塊錢就可以防止火災、水災和失竊嗎？」保險公司推銷員開口便問顧客，對方一時無以應對，但又表現出很想得知詳細介紹的樣子，推銷員趕緊補上一句：「您有興趣瞭解我們公司的保險嗎？我這兒有二十多個險種可以選擇。」

下面，是一些強力有效的開場白：

・我需要您的幫忙。

・我知道您是這裡當家做主的大老闆，可是我能不能找那些認為自己在當家做主的人談談？

・我想借五萬元，不知道您能不能幫我？我剛剛在隔壁跟ｘｘ在一起，她覺得我能對貴公司有所幫助，就像我對他們公司一樣。

・我剛剛在隔壁跟ｘｘ在一起，他建議我順道過來找ｘｘ再談談。請問他在嗎？

・我是ｘｘ，您並不認識我……

・我剛在車上煎了一顆蛋，不知道你們這裡有沒有鹽和胡椒？

・我的老闆說，如果我做不出業績來，就要叫我捲舖蓋走人。所以如果您不想買東西，說不定你們這兒缺人。

・大部分和我們合作的機構都希望職員在出差時，有更好的生產效率。我們的電腦設有內置印表機，能為外出工作的員工節省金錢和時間。

・你們這一類的業務經理，總想取得最新的競爭情報。我們的競爭分析服務，能讓客戶隨時知道對手的最新情況。

向老掉牙的推銷術語，說拜拜！

推銷員的思考模式以及應對技巧，必須異於常人，方能出奇制勝，所以我們要盡快摒棄那些老掉牙的推銷術語。不管妳的作風如何，最重要的就是了解妳的顧客。如果顧客一和妳接觸就能放鬆心情，而且還因為占用妳的時間而覺得有所虧欠的話，那麼妳離成功也就不遠了。

（一）以自己企業的信譽度做推銷

有位銷售人員去我朋友的辦公室推銷他公司的服務。他一進門就自我介紹：「我叫ｘｘ，是ｘｘ公司的銷售顧問，我可以肯定我的到來，不是為你們添麻煩的，而是來與你們一起處理問題，幫你們賺錢的。」

然後，他問公司經理：「您對我們公司非常瞭解嗎？」

他用這個簡單的問題，主導了銷售訪談，並吸引了顧客的注意力。他繼續說：「我們公司在本行業的市場區域內是規模最大的。我們在本區的經營已有二十二年的歷史，在過去的十年裡，我們的員工人數也由十三人增加到二百三十人。我們占有百分之三十的市場，其中大部分都是客戶滿意之後再度惠顧的。

「xx先生，您有沒有看到孟經理採用了我們的產品後，公司營運狀況已大有起色？」

用這樣一個簡單的開場白，他已經為自己和他的公司以及他的服務，建立了從零到最大的信賴度。他已經回答了它安全嗎？它可靠嗎？這兩個問題。他打開了顧客的心，並且降低了顧客的抗拒，所以顧客馬上就很有興趣地想知道他過去的客戶得到了哪些利益，而自己將會從中得到哪些好處。由此，顧客從開始的抗拒與疑慮，變成後來的接受與信任。

(二)「7+1」成交法

所謂「7+1」成交法，就是妳設計一系列的問題，而每一個問題都必須讓客戶回答是肯定的答案。

「先生，我們在你們的社區附近做了一些有關教育的調查研究，請問我可以問一下您對教育的看法嗎？」

「可以。」

「請問您相信教育和知識是一件有價值的事情嗎？」或：「請問您相信教育和知識的價值嗎？」

「相信。」

「如果我們放一套百科全書在您家裡，而且是免費的，只是用來做展示，請問您能接受嗎？」

「可以。」

「請問我可以進來向您展示一下我們的這套百科全書嗎？我不是想把這套百科全書賣給您，我所想要做的只是希望把這套百科全書放在您的家裡。當您的朋友來到您的家裡看到這套百科全書時，如果他們有興趣，您只要將我們的聯繫電話告訴他們，請他們和我們聯繫。」

「可以。」

依照心理學家的統計發現，如果妳能夠持續問對方六個問題，而對方連續回答六個「是」，那麼當第七個問題或要求提出後，對方也會很自然地回答「是」。

（三）巧用對比說服顧客

一位草坪修剪工講起他在底特律郊區和一些家庭主婦打交道的事：

當一位主婦說她必須先和丈夫商量時，我問她：「夫人，您每星期採購零雜用品要花多少錢？」

「哦，大概二百五十美元吧。她回答。」

「您是不是每次去超市都要和您丈夫商量呢？」我又問。

「當然不會。」她說。

「那您每年光是採購這些零雜用品就得花一萬二千多美元，那可不是一筆小開銷啊。我注意到您說並沒有徵求您丈夫的意見，而我們現在談到的僅僅是一個二百美元的決定，所以我相信您丈夫不會介意您做主的，對吧？」

然後，我又趁熱打鐵地說：「我星期三來替您家修剪草坪，您看是上午合適還是下午合適？

「那就下午吧！」

這位草坪修剪工用對比推銷術，輕易地說服了有抗拒心理的家庭主婦。

(四)將心比心

許多顧客做事很有耐心，不把事情弄清楚，絕不往前踏一步，沒有考慮清楚絕不做出決定。這個時候，最好強調自己與他站在同一陣線上，妳是為他著想的，妳代表的是他的利益。

貝吉爾是美國頂尖的保險推銷員之一。有一次，貝吉爾去見一位顧客，這位顧客正考慮買二十五萬美元的保險。與此同時，有十家保險公司提出計畫，角逐競爭，尚不知誰能成功。

貝吉爾見到他時，對方立即道：「我已麻煩一位好朋友處理，你把資料留下，好讓我比較一下哪家便宜。」

「我有句話要真誠地告訴您，現在您可以把那些計畫書都丟到垃圾桶裡。因為保費的計畫基礎都是相同的起點，任何一家都是一樣的。我來這裡，就是幫助您做最後的決定。以銀行貸二十五萬美元而言，受益人當然是銀行。關心您的健康，才是最重要的。不用擔心，我已幫您約好的醫生是公認最權威的，他的報告，每一家保險公司都接受，何況做二十五萬美元保金的高額保險的體檢，只有他才夠資格。」

「我還需要考慮幾天。」

「當然可以，但是您可能會耽誤三天。如果您患了感冒，時間一拖，保險公司甚至會考慮再等三、四個月才予以承保……」

「哦，原來這件事有這麼重要！貝吉爾先生，我還不曉得你到底代表哪家保險公司？」

「我代表客戶！」貝吉爾在迅雷不及掩耳的積極行動下，順利地簽下一張二十五萬美元的高額保險。他所憑藉的利器，一是及時地行動；二是恰當地利用了一些推銷術。「我代表客戶」讓顧客相信，他所做的一切都是為了顧客的利益。

（五）別忘多說一句話

有兩個賣豆腐的：老王和老李。兩個人年齡差不多，吆喝的腔調一樣，都是尾部帶著悠長的餘韻，但兩人的生意卻不一樣，老王的生意比老李的好得多。開始時大家都覺得奇怪，一樣白嫩的豆腐，都是給很足的秤，這是為什麼呢？

後來，人們逐漸發現了其中的奧祕。原來同樣是賣豆腐，老王比老李多說一句話。比如張大媽去買豆腐，老王會邊秤豆腐邊問：「身體還好吧？」如果跑車的趙先生去買，老王會說：「工作多吧？」話語裡透著理解和關心。時間久了，大家都把老王當成了朋友，即使不需要豆腐，聽到他的吆喝，也要買一點放在冰箱裡，就為了聽一句充滿溫馨的問候。老李後來因生意清淡，無奈只好改行了。

要做好行銷，不僅要深入市場調查，瞭解用戶需求，還要研究客戶的心理，像賣豆腐的老王那樣主動與客戶多說一句話，進行感情交流，達到心靈溝通。要讓客戶感到，妳不是在向他們推銷業務，而是在關心他、想著他，要為他提供方便，這樣客戶才會認可妳的產品和服務。

LESSON

12

演講的技巧

一個成功的女人不僅要有做事的才能，還要把自己訓練得善於談吐，讓人覺得妳是一個有趣、活潑、可愛、很好相處的人。

很多女性由於善於表達，取得了意想不到的成效，更多的女性由於善於言辭獲得了威望、地位或被重用，或是得到了令人羡慕的職業。因此一個成功的女人不僅要有做事的才能，還要把自己訓練得善於談吐，讓人覺得妳是一個有趣、活潑、可愛、很好相處的人。比如別人感興趣的事情，妳也同樣應該表示出興趣，這樣才能更好溝通交流。酒逢知己千杯少，話不投機半句多，說的就是這個道理。

林肯是美國歷史上的一位頗有盛名的總統。他的偉大貢獻在於他廢除了美國的奴隸制度，使廣大黑人獲得了法律上的平等。然而在林肯所處的時代，南方聯盟堅決反對廢除奴隸，並且南方聯盟擁有較強的軍事力量和發達的經濟基礎做後臺，北方聯盟中有些州也不願因此而發生內戰。面對這種情況，林肯總統的口才產生了關鍵作用。

透過準備，他做了一次演講，闡述了廢除奴隸制度的必要性和進步性。演講不到兩分鐘就結束了，但演講大大鼓舞了北方聯軍的士氣，從而一舉扭轉了局勢。看來，在這裡林肯發揮了一語定乾坤的作用。

透過演講，既可以鍛鍊自己的膽量、提高自信，更可以讓自己擁有非凡的口頭表達能力。在許多情況下，很多女性對溝通採取一種懶人的辦法，即用一些模稜兩可的詞語和陳詞濫調來搪塞，這無疑是走向成功的一個阻礙。如果一個女性領導者準備與他人一起分享自己經歷體驗後的情感認識，運用較多的細節、修飾的語言和隱喻，使自己的表達更清楚，那麼她的口才就已經達到了一定的實力。

選擇熟悉的主題與內容

對自己演講的題目要有深刻的感受，這對演講者極為重要。除非對這個題目有特別偏愛的情感，否則就別想聽眾會相信妳。道理很簡單，如果妳對題目有實際接觸與經驗，或者妳因為已經對題目做過深思和個人長期的觀察（比如認為在自己的社區裡創辦一所好的學校很有必要），因而滿懷理想，那麼就不愁演講時會無話可說了。

多年前的一場演講，因為那股熱情而造成的說服力，現在還鮮明地呈現在恩斯特的眼前，至今沒有能比得過的。恩斯特聽過很多讓人佩服的演講，可是這一個——恩斯特稱它是蘭草對山胡桃木灰的案例，卻獨樹一幟，成為熱情戰勝真理的絕佳例子。

紐約一家極具知名度的銷售公司裡，有個一流的銷售員提出一個全新的論調，說他已經能夠使蘭草在無種子、無草根的情形之下生長。他將山胡桃木的灰燼撒在新犁過的土地上，然後一眨眼間蘭草便出現了！所以絕對百分之百相信山胡桃木灰——而且堅持山胡桃木灰必是讓蘭草長出的原因。

恩斯特說：「爭論時，我溫和地對他指出，他這種非凡的發現如果是真的，將使他一夕之間成為富人，因為蘭草種子價值不菲，而且這項發現，還會使他成為人類史上一位極傑出的科學家。」但事實上，沒有一個人——不論他是生是死——曾經完成或有能力創造這個奇蹟：沒有人能從無機物裡培育出生命。

這個錯誤是如此的明顯，根本沒有必要提出激烈的反駁，所以恩斯特平靜地告訴他這些。其他同事也是這麼看待，唯一只有他自己仍執迷不悟。他連想都沒有想，立刻站起來告訴恩斯特，他沒有錯。他對自己的發現倒有點不可思議，大聲說他還沒有引用論據，只是陳述了經驗而已。所以他繼續往下說，擴大了原先的論述，提出更多的資料，舉出更多的證據，他的聲音透露出真誠。

恩斯特只好再次告訴他，他的論點不可能是正確的，他正確的機率等於零。但他馬上又站了起來，提議跟恩斯特賭五塊錢，讓美國農業部來解決這件事。

你知道這時候情況發生了什麼變化？有好幾個學生都開始決定相信他的發現，還有許多人變得猶豫不決。恩斯特相信那時如果是來一場表決，一半以上的人不會再堅持自己的觀點了。恩斯特問那些改變主意的人，是什麼讓他們改變了自己最初的觀點？他們異口同聲地說，是演講者的熱誠讓他們開始懷疑自己的見解。

既然這樣，恩斯特只得寫信給農業部。恩斯特對農業部說，問這樣無聊的問題，很不好意思。結果農業部回信肯定了恩斯特的答案，就是如果要使蘭草或其他的東西從山胡桃木灰裡長出來，是根本不可能的。農業部在回信中還說也收到另一封同樣的信，因為那位銷售員十分確信自己的發現，也立刻寫了封信給農業部。

這件事讓恩斯特發現——演講者如果真的確信某件事並熱切地談論它，便能讓人們相信無疑，即使是宣稱自己能從塵土和灰燼中培育出蘭草。既然這樣，我們所歸納、整理出來的想法，並且是正確的常識和真理，那該會有多麼強大的力量讓人們信服啊！

演講者幾乎都會懷疑選擇的題目會不會引起聽眾的興趣。其實要讓他們對妳的題目感興趣，方法很簡單：只要妳對自己的題目有熱情，就不怕無法引起人們的興趣。

在倫敦，有一次著名的英國小說家班森去聽演講。回來後班森先生評論說，這場演講的最後一部分要比第一部分更為他所欣賞。問他為什麼，他說：「演講者似乎對最後一部分的興趣更大一些，而我一向都靠演講者為我提供熱情和興趣的。」每個人都是這樣。所以妳一定要牢記這一點。

還可以舉一個例子，來說明謹慎選擇題目的重要性。在華盛頓的某個口才訓練班裡有位富林先生，他剛參加訓練時，從一家報社所發行的一本小冊子裡倉促且大略地搜集一些關於美國首都的資料，然後向眾人演講。他雖然在華盛頓住了許多年，卻沒能舉出一個親身的經歷，來說明自己為什麼會喜歡這個地方，所以聽起來就像這樣——枯燥、生硬，只是一味陳述著這個城市的妥善建設。大家聽得不耐煩，他自己也講得痛苦。

出人意料，在兩星期後發生了一件事情：他的新車停放在街上，竟有人開車把它撞個稀爛，並且逃逸無蹤。這可把富林先生害慘了，這件事是他切身的經驗，所以當他說起時，那表情異常激動，說起話來滔滔不絕、怒氣衝天，好像維蘇威火山在眼前爆發了。兩星期前，同學們聽他的演講時還覺得煩躁無聊，時常在椅子上扭動，現在卻給了富林先生熱烈的掌聲。

如果主題選得對了，妳不成功都不行，比如談自己信念這一類的題目，保證錯不了。妳對自己的生活一定有些強烈的信仰，因此妳不必再四處去尋找，它們幾乎就在妳的嘴邊，妳時常都會使用它們的。

精彩的開場白

一篇演說最好的結構是優美的開場白、使人深思的結尾，即人們常說的豹頭鳳尾。首先，最要緊的是開場白要好。開場白所說的幾句話，是生動還是平淡，決定了是吸引了聽眾、抓住了聽眾的心，還是無法使聽眾留下什麼印象，一瞬間失掉了聽眾。

所以任何一個好的演說家在準備講稿時，總是反覆思索後不斷修改講稿的開場白，以期開始幾句話漂亮、精彩、有力，能立刻抓住聽眾的注意力，而不是走上台後再臨時胡編幾句，以應付聽眾。

開場白務必簡短，一兩句話即可，開門見山，交代演講的中心和主題。

當年美國威爾遜總統在國會，就潛水艇戰爭發出最後通牒事件發表他的演講，他開頭兩句是：「我國的對外關係已到了關鍵時刻，我的責任唯有極坦白地把狀況報告給各位。」一句話，把主題明確交代，使聽眾集中了注意力。賈利斯考伯（鋼鐵大王的助手）在紐約協會演說時，正值美國經濟蕭條，他演說第二句話便談到問題的核心：「今日存在美國人民心中的最大問題就是如今商業衰落到底是什麼意思？與將來又有如何的關係？據我個人看來是很樂觀的……」

大多數未受過訓練與缺乏經驗的演說者，卻常做不到如此簡明、有力。他們易犯的兩種錯誤為：開場白多說幽默故事和講些謙虛的話。

犯第一種錯誤的人，覺得他應該像一位大演說家般詼諧幽默。他本人平常也許像百科全書般嚴肅，所以當他站在講臺上講話時，總想講得輕鬆、幽默點，於是在開頭先講一個幽默故事，在宴會後所舉行演講時尤其如此，結果如何？他自以為很得意，但聽眾覺得像在讀字典一般索然無味，他的故事並未能引起人們的興趣。

其實故事是否有趣，故事的本身只是一個因素，此外還在於演講者如何敘述。一百個人中有九十九人在講令馬克．吐溫一夜成名的那個故事時，註定會遭到失敗。因為一個天性缺乏幽默的人硬要學幽默，是難有笑果的，且如果只為求幽默而說一個故事，那根本就太愚蠢了。幽默只像點心上的糖霜、糕餅裡夾的巧克力而非糕餅本身。幽默應當是切合本題，為證明某一個要點而講。

當然演說的開場白也不應太嚴肅。假如妳能引用別的演說家說過的話，或談點涉及當前形勢又充滿矛盾的事，再故意誇大其詞，惹人發笑，這種幽默比一般通俗的笑話效果要大幾千倍。而造成聽眾大笑最容易的方法或許是講點有關妳本人的趣事，描繪一些自己可笑而窘迫的情形，那更容易成功。當我們看見一個人踩著香蕉皮滑倒，或大風吹走了他的帽子，會不發笑嗎？

請看英國文學家吉勃林在開始講他的一篇政治演說時，如何巧妙地惹得聽眾們捧腹大笑。他所述說的並非虛構的故事，而是他自己的親身經歷，並很戲謔地指出矛盾的地方。

各位女士和先生：「我在印度時，常為一家報社採訪一些刑事案件。那是一種很有趣的工作，因為那使我認識一些製造偽幣犯、盜竊犯、殺人犯以及這一類富於冒險精神的『運動家』。有時候在採訪了他們被審問的情形之後，我常常要去監獄裡去看他們。我記得有個因為殺人被判無期徒刑的人，他是個聰明並口才極好的小伙子，他告訴了我他一生中的重要故事，他說：『我覺得一個人如果是因做不正當的事而走上歧途，則這一件事將跟著另一件事發生，直到最後他發覺自己必須把另一個從正道上來的擠出去，才能使自己正了過來。哈哈，這也正可以形容現在內閣的形勢，謊言一個接一個地滾來。』」

犯第二種錯誤的人是在開始演講時，先向聽眾說些我實在不會演說我沒有準備好……我沒有什麼可說的……等道歉話，這絕對不可以。無論如何，假如妳沒有準備，用不著妳說也有聽眾會發現。為什麼要故意告訴他們呢？難道妳的聽眾不值得妳先經過一番準備之後再來講嗎？不要這樣說，聽眾不樂意聽妳的道歉，聽眾是來聽妳的指教並希望能有所收穫的。

當妳一站在聽眾面前時，毫無疑問地自然就獲得聽眾對妳的注意。在前五秒鐘之內能受到注意是不難的，隨後的五秒鐘之內能受到他們的注意也是不難的，但在繼續之後的五分鐘之內，仍能受到注意則困難多了。假如妳讓聽眾的注意力轉到妳深厚的布簾上，想再從布簾手中贏回勝利，那的確是難上加難。所以妳要從第一句開始就講述一些有趣的事，而不要講些道歉的話。

以上兩種錯誤的開場白都不是有力的開場白，不能立刻抓住聽眾的注意力。那怎麼才能做到開場白有力呢？下面有幾個建議，希望對妳有點用處：

（一）引起聽眾的好奇心

美國有位電影新聞報導家羅威爾陶瑪斯在講述勞倫斯上校時，是這樣的開始：「有一天，當我經過耶路撒冷的基督徒街時，遇見一個人身穿東方君主華麗衣衫，腰間插著一柄僅有穆罕默德的子孫才可佩戴的金質彎刀。可是這個人的外表一點也不像阿拉伯人，他的眼睛是藍的，而阿拉伯人的眼睛永遠是黑的或是棕色的。」他的這段描述，一定會激起聽眾的好奇，聽眾願意再聽下去，想弄清楚他介紹的人到底是誰？為什麼要打扮成一個阿拉伯人？做了什麼？後來怎樣？

一個學生這樣開始他的演講：「你知道在今日的世界上，還有十七個國家保存著奴隸制度嗎？」問這個問題不但引起了聽眾的好奇心，而且還震驚了聽眾。奴隸制度？現在？十七個國家？真是難以相信。這些國家在哪裡？

也可以先述說一件事情的結果，使聽眾急欲知道原因，以引起聽眾的好奇心。舉個例，有一位學生的演講以這樣的一句話開始：「我們的某位議員最近在立法院開會時，提議透過一條法律，禁止在任何學校裡的蝌蚪變為青蛙，以免擾亂學生讀書。」妳聽了可能要大笑。這位演說者在開玩笑嗎？這是多麼奇怪啊！真有這回事嗎？妳看，這不就讓妳急切地想繼續聽演講者的下文，來解決妳心中的疑問嘛。每位想在群眾面前發表演說的人，應該善用這種能勾起聽眾好奇心的開場白。

（二）好奇心是把誘人的鉤子

人類是好奇心強烈的可愛動物，只要遭遇與平常稍微不同的事物，便會圍上去探個究竟。最明顯的例子就是在夜市中，只要有一群人圍在一起，妳一定也會湊上去看看別人在看什麼。難怪有人說妳要是在鬧區抬頭持續看天空五分鐘，周圍便會有許多人慢慢聚攏過來也跟著抬頭看，而且人人都想知道妳在看什麼，事實上很可能妳只是鼻子流血而已。

一堵牆上挖了一個小洞，旁邊貼著不准偷看，結果十之八九的人看了那張紙條都會偷看，而洞內則豎著一塊牌子，上面寫著：「不准看，還看！傻瓜，你上當了。」如果沒有貼不准偷看這張紙條，相信沒有幾個人會對一個洞有興趣的。演說中，我們不妨製造一個不准偷看的絕招，勾起人們的好奇心，

「裙子會掉下來嗎？」

「昨天我險些脫掉裙子。」

演講課裡一個年輕貌美的女士開場白這麼說道，這時在場的聽眾彷彿被電流擊中了一下，隨後豎起耳朵並催促她繼續往下說。

「當我昨天正在廚房裡做家務事時，我那念小學三年級和一年級的兩個兒子在隔壁房間吵了起來，他們兩兄弟似乎吵得很凶，口出惡言。首先小弟說：『你這個大笨蛋，媽媽的肚臍是凹進去的，不是凸凸的。』接著老大也不甘示弱地反駁說：『媽媽才不是凹肚臍呢，她的肚臍像一小截腸子似的凸起來。』小弟：『你胡說，才不是呢！』大兒子說：『你才胡說！』我看情形不對了，趕快跑出來說：「『你們兩個給我安靜下來，我讓你們看看媽媽的肚臍是凹的還是凸的。』於是我作勢要脫下裙子的

模樣。『啊，媽媽羞羞羞！』他們兩個小鬼看後，馬上拿小食指劃著小臉蛋羞我，我們三個人都笑了出來。」

這個演講的主題親子關係，在那個女士驚人的開場白和幽默的話語中，做了絕妙的詮釋，她所使用的大膽的開場白，無疑地刺激了在場人，引起了聽眾的期待。

（三）吊一吊聽眾的胃口

如果台下的聽眾是義務來聽演說的，甚至多半是被逼迫而來的，演說本來就不為他們所期待，如何使聽眾改變被迫無奈的心理，並且專心聽演說呢？這是一門大學問。引起聽眾想聽的意願，是刺激聽眾慾望並且改變聽眾心理的第一步。

首先，妳可以在開場白上製造一些神祕的氣氛，引起聽眾的注意力。例如：各位早，今天早上我想報告的主題是「本期紅利將有多少」？也許職員一聽到老闆要上臺說話，心裡會想：「又來了，還不是說一些努力工作之類的話。」但是，一聽到開場白出現了紅利兩個字，和自己的利益有關，大家便會紛紛豎耳傾聽。

「如果公司今年達到生產目標，紅利將比去年多一成，如果超過目標的百分之二十就增加三成，如果超過百分之三十公司打算發五成紅利。按照目前的成績增加一成紅利的希望很大，如果增加一成，紅利的數目是多少呢？各位不妨計算看看，並且也順便計算三成和五成的紅利。各位希望拿多少獎金？拿多拿少在於你們的努力，加油！」由於事關自己的利益，職員們必會認真地聽董事長的每一句話，這是站在對方立場上刺激聽眾慾望的方式。開場白紅利二字，就足以吊起職員們的胃口了。

（四）講一則故事作為開端

著名的作家寫的小說動輒印上千萬冊，風靡海內外，而且在人們中長期流傳不衰。人們都愛讀小說，喜歡聽故事，尤其是喜好別人述說他個人驚險離奇的經歷。

美國曾有一位叫蒲賽爾康維爾的牧師，他遍地寶石的演說，竟不斷在各地演講高達六千次之多，而且每次都受到歡迎。這篇著名的演講開頭就說：「西元一八七〇年，我們從土耳其出發，順著底格里斯河往下走……我們在巴格達雇了一位導遊，帶我們去看古代巴比倫的遺址……」於是他接著繪聲繪色地將故事一段一段地講下去，緊緊抓住了聽眾的注意力。演講如果以這種方式作為開頭，簡單明白，又不容易失敗。故事情節一層一層展開，人們絕對願意知道以後將發生什麼事情。

（五）列舉突出的實例作為開端

一般的聽眾長時間靜聽抽象的議論會感到不耐煩，如果講實例就比較入耳有興趣聽下去。那麼為什麼不先講實例作為開端呢？可是有些演講者，他們總覺得應該先做一點概括的議論較好，這是完全不必要的。用實例作為開場白，引起興趣，然後再接續一般的陳述，反而使聽眾容易接受妳的觀點。

如下面瑪麗瑞艾蒙德的這篇演說開場白就非常讓人喜歡。這是她在法律尚未禁止未成年人結婚之前，於紐約婦女選舉協會上做的演說：「昨天，當火車經過離此不遠的一個城鎮時，我忽然想起數年前在那裡發生的一樁婚姻，因為在這紐約州中至今還有許多婚姻都像它這樣輕率。所以今天我願意詳細地描述那樁婚姻的情形。」

「那是在十二月十二日，該城某高等女校的一個年齡十五歲的女孩子，遇見了附近大學一位一年級的學生。到十二月十五日——即相識三天後，他們虛報那女孩子為十八歲而領了結婚證書，因為依據法律，到這個年齡就可以不用取得父母的許可即能結婚。他們領到結婚證後，便立刻去找一位牧師證婚（那女孩是天主教徒），但那牧師拒絕了他們。不久，那女孩子的母親聽說了這件事，沒想到的是這對年輕人已擁有了合法婚姻。於是新郎和新娘就在旅館裡同住了兩天兩夜，但之後他卻拋棄了她，再也不和她同住了。」

講完這一實例後，她再詳細闡述反對未成年結婚的觀點。這樣的開場白自然、真實、具體，聽眾感到親切，願意再聽下去，也樂意而不是勉強地接受演講者的觀點。

（六）拿出實物給聽眾看

俗語說：「百聞不如一見。」有時先拿出實物讓聽眾見識見識，再來介紹它，這樣能一下吸引聽眾的注意，收到良好的效果。例如一位錢幣專家做演說，他一開始先用兩個手指頭拿著一枚錢幣高舉過眉，等聽眾都把目光聚集在這枚錢幣上後，他才說：「在場的人中，有沒有看見過這樣的錢幣？有人知道這是枚什麼錢幣嗎？」他問完後才繼續講，聽眾自然跟著他的思緒跑。

（七）提出一個問題作為開端

有時在演講中，一上臺就可向聽眾提出問題，讓聽眾和演講者一起思考，使聽眾從頭到尾都集中注意力聽講，以印證自己的想法是否正確，和演講者的看法是否相同？只要提出的問題是聽眾關切的，是聽眾迫切想知道而又感到困惑的，這種方式一定能像一把鑰匙一樣，開啟聽眾的心扉，使演講者進入他們心中。

（八）先引用名人名言開始

在一定的場合和演講某些種類問題時，一開始就恰當地引用名人名言，是最巧妙的方法。因為既稱名人名言，就意味著它在群眾中有影響力、有權威感，受人信賴，也易讓人接受；也表示在名人論述的那個問題上，其理論深度已達到相當水準，在這個基礎上再闡述發展，定能吸引聽眾。

有一個教育家在以事業成功為題做演講時，先引用著名大演說家卡內基的話說：「世界上最好的獎品——榮耀與金錢，只贈與我們一件事，那就是創造力。什麼是創造力呢？讓我告訴你們，就是不必別人的指導，而能做出正確的事情，並獲得成功。」

演說詞以這樣的開場白緊扣演說主題，又層層提問造成懸疑，定能使聽眾急於想知道下文，而回答又言簡意賅、發人深省。在這樣的基礎上，演說者再列舉大量生動的事例，從理論上展開對創造力在事業上成功的作用。如此一分析，當然會把聽眾的思緒引入妳的談話裡。

（九）先將題材與聽眾的直接利益掛鉤

人們都關心對自己有好處的事。如果從與聽眾直接相關的題材開始講，就很能引起他們的注意。可是有些演講者不善於使用，例如在演講《定期檢查身體之必要》這一主題時，有位演講者他先說延年學會成立的歷史和組織以及各項工作之情形。真可笑！聽眾們當然毫無興趣去留意這種學會成立的歷史，他們關心的只是他們自己的生活。

為什麼不先說出該學會和聽眾之間存在的關係呢？可以這麼說：「你們知道按人壽保險的調查來看，你們還能夠活多少年嗎？據壽險統計學家說，你的壽命為你現在的年齡與八十歲之差的三分之二。譬如你現在三十五歲，那你現在的年齡和八十的差數是四十五，你剩下的壽命則為四十五的三分之二，也就是說你還能活三十年。這樣夠嗎？不！不！我們都願意活得更久。可是這調查是根據幾百萬人的紀錄而得的。那麼你我有超越這個數目的希望嗎？有的，只要適當地留心就可以的，這第一步就是要有一個詳細的身體檢查……」然後，如果再詳細述說為什麼要定期檢查身體，聽眾對於這種延年學會的工作就感興趣了。開頭就講歷史和組織，太死板也太無益了！

（十）峰迴路轉

如果妳是一位副主管，有一天公司根據妳平時良好的表現和業績，升妳為主管。於是當天下班妳興高采烈地回家，看見丈夫後妳會如何告訴他這件喜事呢？「我回來了，我今天升了主管，你開不開心？」大多數女性通常會忍不住喜悅，直接地告訴老公這個好消息。

「別高興得太早，往後得更加賣力工作，否則會被人家說閒話……」也許有些丈夫會如此潑冷水或沒有妳預料中的熱烈反應。因此建議妳不妨改變一個方式，用點心思告訴他這個喜事：「我回來了。」然後妳裝出一副失魂落魄的樣子。

「怎麼了？無精打采的。」丈夫會關心地問。

「今天我被叫到董事長辦公室。」

「他對妳說些什麼？」

「他叫我這個副主管明天開始不用再做了。」

「怎麼會呢？妳不是做得好好的嗎？為什麼被開除？」

丈夫一定會十分緊張地問妳，此時妳再露出個得意的笑臉：「誰被開除了，他是叫我不用做副主管，改升我主管了。」真的！丈夫會瞪大眼睛，鬆了一口氣說：「妳真壞，害得我擔心死了。」雖然說壞，可是卻露出喜悅的神情。稍微思考改變一下說話的方式，所得的效果馬上與眾不同。演說也可以如此，相反的講話方式有助於提高效果。

引人深思的結尾

演講的結尾如同演講的開端，都是演講中的最關鍵處。看一個演說者是無經驗還是老練，是敏捷還是笨拙，往往只看其演講開始和結束就可判斷清楚。喜愛看戲的人說：「只要看演員上場和下場的神氣如何，觀眾就可知道他的演技好壞。」聽演講也是這樣。結尾非常重要，這是因為其一，演說的結語最難說得很巧妙；其二，演說的結語可以圓滿地結束整個演說，使聽眾把整場演說所表達的思想組織在一起，架築整場演說的結構，最後再抓住演講的主旨和關鍵。

何時該結束演說，自然因題、因地、因時而不同，但有一點絕對不可忘記，就是時時刻刻要注意聽眾的情緒。當聽眾渴望妳繼續講下去時，妳多講了他們也不感到厭煩，似乎不會覺得時間的流逝，就是再多一點也無妨；但當聽眾一面在聽一面在不斷看錶時，那就應該選擇一個適當的時機，趕緊就此打住。

很多演說者的結尾卻不是成功的，他們草草就結尾了。一個演講者要想最後所說的那幾句結語，在演說結束後仍能引起人們的回想，能讓人記得最久，就要避免以下幾種錯誤：

一個人是這樣結束的：「以上是我對這件事所要說的，所以我想我可以停止了。」那不是個結尾，那是個錯誤，幾乎是不能原諒的。」有一位演講者把他所要說的話都說完了，卻不曉得如何結束，總是圍繞一句話反覆地說了許多遍，留給人們不好的印象。

還有些演講者則根本未能結束，在他們演說的中場，便開始胡說八道，就像一架機器突然汽油耗盡一樣。經過一陣狼狽的掙扎，終於停了下來，完全失敗。

還有許多初上臺的人常犯停止得太突然的毛病。他們演講還正在高潮，聽眾仍意猶未盡時，就突然急促地結束。這樣就顯得不自然，就好像一位朋友正說著話，卻突然魯莽地站起來奪門而出，連一句再見也沒說一樣。

那麼該怎麼避免呢？那就是要事先預備好結語。歷代極成功的演說家如舒伯斯特、伯萊、孫中山先生等人，都覺得應當把演講的結語寫下來，並記清楚那些語句。

初次演說的人更應如此。他應該很清楚地寫下該用怎樣的語句做結束，並在演講前把結語溫習數遍。在每次溫習時，措詞不必雷同，只要意思達到就可以了。

一篇即席演說在演講之時往往有很大的變更，需要在原演講詞基礎上加以刪修，以適合未能預料的變化，適合聽眾的反應。所以如果能事先預備兩三個不同的結語將更完美，假如這一個不適用另一個也許可以。

怎樣準備結語，使演講圓滿地結束，有以下幾點建議：

(一) 明確地概括全文要點

成功的演講者即使在三~五分鐘之內，也常常能講出許多見解，涉及相關一些事情。有的人演講完了，但到底講了幾個問題，聽眾還是模糊不清，抓不到要點。不少演講者以為他該講的都講了，聽眾應該把他說的要點都印在腦子裡，和自己一樣清楚明白，實則不然。因為演講者對自己所要說的話思考過多少遍，而聽眾在聽講前對這個看法完全是陌生的，演講者如果不明確地把要點列舉出來，他們一下子哪能像演講者一樣清楚呢？有很多演說詞，好像是一把擲向聽眾身上的鐵砂，有的打中了，但大部分都落在地下，也就是說，聽眾記得一堆事情，但沒有一樣清楚地瞭解且記得牢的。

卡內基曾為演說詞結構擬定一個模式：開端——告訴聽眾，你將要談什麼問題；中間——詳細談這些問題；結尾——把所談的問題簡明地概括一下，做個總結。

（二）以熱情洋溢的話作為結語

在某些演說中，可以用熱情洋溢的話稱頌聽眾，提出希望，作為結尾。例如一位鋼鐵大王的助手在美國西佛吉尼亞協會演講中最後說：「我們的西佛吉尼亞州應該領導促進新時代的降臨。西佛吉尼亞州是鋼鐵出產最多的區域，是世界最大的鐵路公司之母，是農產最富諸州的第三位，再沒有其他州比它更能帶動全美經濟發展的了。」

他最後的幾句話使聽眾感到高興、樂觀，因而燃起他們的熱情。但是這種結束方法如果想有效，態度必須誠懇，不要諂媚，不可過分，如果不夠誠懇，將顯得虛偽，聽眾便不會真心接受。

（三）幽默地結束

有人說過：「當妳說再見的時候，要使人們笑。」假如妳有能力這樣做，並且有豐富的演說材料，那好極了！但是怎麼做呢？每個人都應當按自己特有的方式去做。

有個教士，叫路易喬治，他在為約翰．維斯雷重修墳墓的嚴肅儀式上，面對著眾多公理會教徒發表的演說，結尾也引起了聽眾大笑，堪稱一篇優美流利的結尾詞，他說：「我很高興你們願動手來幫忙重修他的墳墓。他是應該受尊崇的。他是一位極度憎惡不整潔的人。我聽他曾說過這樣的話：『永遠不要讓任何人看見一個衣衫襤褸的公理會教徒。』正是因為他的努力，所以你們永遠不會看見一個這樣的人（笑聲）。假如你們竟讓他的墳墓殘破不堪，那真的是故意和他作對了。你們還記得當他走過一間住宅時，一個小女孩跑到門口向他喊道；『上帝保佑你，維斯雷先生，』他是怎樣回答的嗎？他答道：『年輕的女孩，如果妳的臉和圍裙再乾淨點，妳的祝福將更有價值。』（笑聲）。這便是他對於不整潔的厭惡感覺，不要讓他的墳墓不整潔啊！假如他的靈魂經過此地，看見墳墓不整潔，將會比任何事更令他傷心。務必好好地看護它，這是一座值得紀念、尊崇的墳墓。這是你們的責任！」（歡呼）

（四）用詩文名句

如果妳能引用適當的詩文名句來結尾，就既可使演說優美、動聽，又可獲得所希望的氣氛。

有一個演說是如此結尾的：「當你們回家之後，有些人會寄一張明信片來給我，就算你們不寄給我，我也要寄給你們每位一張，而且你們會很容易知道是我寄的，因為上面未貼郵票（眾笑）。在上面，我要寫一些字，是這樣寫著的：『季節自己來，季節又自己去，你知道，世間一切都依時而凋謝。但有一件卻永遠像露水一般綻放鮮豔，那就是我對你們的仁慈和熱愛。』」這段詩正適合他全篇演講的旨意，用得非常恰當。

（五）降升法

降升法是結束演說最普遍的方法。不過這種方法不易運用，也不是所有的演說者對一切的題材都可應用的。但如果能用得適當，將非常有聲勢。這種方法是一句比一句有力量。林肯在以尼加拉瀑布為題材的那篇演說稿中，就是用降升法。他以哥倫布、耶穌、摩西、亞當等的年代，與尼加拉瀑布一一相比，且例證一個比一個有力量。

「這要推到無限的久遠，當哥倫布最初發現這塊大陸，當耶穌基督被釘在十字架上，當摩西率領以色列人渡過紅海，啊！甚至亞當從救世主的手裡出生，從那時到現在，尼亞拉就在這裡怒吼。一個古代巨人的眼睛像現今我們人的眼睛一樣，曾看見過尼加拉。與第一代人種同時代，甚至比人類的第一個始祖還老，一萬年前的尼加拉和現在是同樣的『朝氣蓬勃』。我們見到過那巨大骨骼的前世巨象、爬蟲，它們也曾見過尼加拉——從那樣久遠的年代起，尼加拉從未靜止、從未枯竭、從未睡去、從未休息。」

（六）適可而止

現代人的生活步調十分快速，於是也要求演講者的演說要簡短有力而不是囉唆沒完，如果是那樣只會引起聽眾的反感。演說應該精而不宜長，如耶穌偉大的演講《登山寶訓》在五分鐘內就可以朗誦完畢，林肯的蓋提斯堡演說只有十句話，這些都是簡潔演講詞的典範。我們演說也應如此，冗長的演說是不會受歡迎的。

（七）生動活潑

演說如果能以生動活潑的語句結束，將會使全篇演說更充滿動感，讓人感到體內血液奔騰，情緒亢奮。溫羅爾・菲力浦在讚美黑人圖桑將軍時，曾用過同樣的語言技巧，使那場演講充滿生機和活力。

他的演說結尾是這樣的：「我要稱他為拿破崙，可是拿破崙經過了毀約、食言、血流成河的戰爭才獲得王位，而這個人向來未曾食言過。『不報復』是他的偉大格言，也是他一生的信仰，他臨終時對他兒子說的話是：『我的孩子，終有一天你還能回到故鄉聖地牙哥，忘掉法國曾殺了你的父親。』我要稱他為克倫威爾，可是克倫威爾只是一個軍人，他所建立的國家與他同時埋葬在墓中。我要稱他為華盛頓，可是這位偉大的人物卻雇傭奴隸，而這個人寧可以國家的命運做冒險，也絕不允許他的領土內的任何一個小村莊有販賣奴隸的事件發生。」

演講詞中一波接著一波的我要稱他為……將聽眾的情緒推向頂端，並利用其他名人襯托出圖桑將軍的偉大，是生動活潑的結尾語之最佳範例。

LESSON 13

辯才無礙打通關

有一些女主管具有敏銳的觀察力，說起話來緊扣主題、思維活躍、邏輯性強，我們稱她們為女辯士。她們在生活中，就較其他人更容易取得事業的成功。

善於抓住對方的矛盾

有一家百貨公司，營業廳裡立有一塊大牌子，上面寫著無貨不有，如有缺貨，願罰十萬。有一顧客很想得到這筆錢，便去見經理，開口就問：「有汽車嗎？」經理領他到停車場一車旁，他馬上說：「這車賣嗎？」經理說：「如果您買，當然賣。」這人還不甘休，問道：「請問有腳長在腦袋上面的人嗎？」他以為這個問題一定難住了經理。誰知經理面色不改，對旁邊跟隨的店員說：「你來做一個倒立給這位客人賞賞臉。」

在這個顧客有意刁難的對話中，經理運用一定的幽默答辯，取得了勝利。妳同樣也可以用有趣、寓意深長的幽默語言來表達自己的觀點，製造對自己有利的氣勢，從而在職場中取勝。

要想做一名優秀的論辯者，僅有一張伶牙俐齒的嘴是不夠的。矛盾分析法可以為妳的思辨指引一條通向成功的道路——先製造假象讓對方產生錯覺，接著誘使其上當，對方越陷得深，妳成功的機率就越大。等對方深陷其中時，再一針見血地指出其荒謬論點的根源，徹底否定對方，這是一種徹底反駁對方的方法。

宋朝時發生了一件謀殺案，縣官對嫌疑犯多次拷問都查不出結果。後來，經師爺一番誘問，終使案情真相大白。

張三和李四兩人是好朋友，經常合夥去外地經商。有一次，兩人約好第二天清晨五更天，李四到張三家找他，然後再一同上路。

第二天一早，天還沒亮，李四就收拾妥當出了門。哪知天亮時分，李四的妻子聽到一陣急促的敲門聲，夾雜著張三叫嫂子開門的呼喊聲。李四的妻子開門一看，只見張三滿頭大汗，氣喘吁吁地說：「嫂子，妳丈夫約定五更來我家，怎麼天都亮了他還沒來？」這話讓李四的妻子大吃一驚，說道：「他不是早就出門了嗎？」張三更是驚奇地說：「那怎麼沒到我家來，會不會出了什麼事呢？」說罷張三和李四妻就四處尋找，結果在一個樹林子裡找到了李四的屍體，他身上攜帶的銀兩早已不翼而飛。李四的妻子嚎啕大哭，一把抓住張三說：「一定是你殺了我丈夫！」就把張三拉到了縣衙門。

縣太爺問了好一會兒，都無法斷案。這時站在一旁的師爺胸有成竹地說：「老爺，且待我來盤問。」說完他就開始問道：「張三，李四和你約定今天五更到你家會面，李四沒來，你去李家叫他，是這樣嗎？」「一點也沒錯，事情就是這樣。」張三說。你去李四家是怎麼叫的？我是這樣叫的，張三答道：「嫂夫人，妳丈夫約定五更天到我家，怎麼天都亮了，他還不來？」「你真是這樣叫的嗎？」師爺追問。「老天有眼，如有假話我便五雷轟頂。嫂子在這兒，不信，你可以問問她！」張三說得斬釘截鐵，旁邊李四的妻子也證明事實如此。

「好！那麼我問你，你到李四家找李四，為什麼不叫李四，偏偏叫李四的妻子來問話。你怎麼知道李四不在家呢？」

「這個……這個……」張三慌了手腳，支支吾吾地答不出話來。

師爺接著喝問：「大膽刁民，還敢狡辯嗎？你一句話洩露了天機！你去李四家時，早知道李四不在家了，所以才叫『嫂子』出來問話。這就證明你今天一早明明已見過李四，那麼謀財害命殺死李四的，除了你還會有誰呢？還不從實招來！」

師爺一席話，逼得張三只好供出自己謀殺李四搶奪銀兩的全部罪行。

師爺之所以能迅速破案，就因為他使用了矛盾分析法。他從誘問入手，使張三無意中洩露了最重要的破案線索，再步步追問，透過精闢的分析，使張三不得不承認自己謀財害命的罪行。

率先定義，先發制敵

所謂率先定義，就是給論題中某些關鍵字眼做出有利於己方的解釋，利用事實展開論點，從而先聲奪人，先發制人，占據主動位置。這是論辯中最常用的一種策略，在辯題對己方明顯不利的情況下尤其適用。

一九八六年亞洲大專辯論會上，新加坡國立大學和香港中文大學展開辯論，辯題是——外來投資能夠確保發展中國家經濟高速成長。

香港中文大學為正方，新加坡國立大學為反方。顯然，從命題上看，香港中文大學隊處於不利地位。因為確保一詞是個值得推敲的詞語，如果把確保理解成絕對保證，那麼正方香港中文大學幾乎是無理可辯。

不過，香港中文大學也有高招。他們採取先發制人、先聲奪人的策略，開場就提出確保並不是指百分之百地保證。比如公車裡，廣播員常說：「為了確保各位旅客的安全，請不要扶靠車門。」這並不是說只要不去扶靠車門，乘客的安全就百分之百地得到保證了。

香港中文大學率先定義確保一詞的含義，為自己的論點開闢了廣闊的活動舞臺，而反方新加坡國立大學又沒有令人信服地證明，確保就是百分之百地保證，因此香港中文大學就化不利為有利，牢牢把握了辯論場上的主動權並最終獲勝。

可以設想，如果不是採用了先聲奪人、率先定義的方法，而是在承認確保就是百分之百地保證的前提下與對方辯論，正方很難有取勝的希望。

先發制人重在一個先字，貴在一個制字。當妳瞭解別人將要說一些對妳不利的話或讓妳辦一些不想辦的事時，妳可搶先開口，或截、或封、或堵、或圍、或壓、或勸，明確告知對方免于開口，打斷對方的話題，用其他話語岔開。這樣就能牢牢掌握交際的主動權，達到自己拒絕的目的。

論辯貴在隨機應變

清朝乾隆年間，寧波天童寺有個當家和尚名叫圓智，能言善辯，遠近聞名。

有一次，乾隆皇帝隻身微服南下，來到寧波後，便獨往天童寺。圓智聞知此事，馬上來到山下，笑迎乾隆皇帝，併合十躬身輕聲道：「小僧天童寺住持圓智接駕來遲，萬歲恕罪。」乾隆聽說此人就是有名的善言和尚圓智，想先給他一個下馬威，便把面孔一板，厲聲問道：「你既知朕躬到此，為何不率眾僧，大開山門，跪接聖駕？你這輕輕一揖，莫非有意褻瀆聖躬？該當何罪？」圓智不慌不忙地說小僧豈敢褻瀆聖躬，只因這次聖上南巡，乃是微服私訪。小僧要勞師動眾，唯恐引起遊人矚目，有礙聖上安康，故獨自一人在此恭候。乾隆聽他說得合情合理，只好說：「恕你無罪，前面帶路便是。」

路上，乾隆又道：「大和尚，今日朕躬上山，你能不能拿我做個比方？」圓智聞言，暗自思忖：「這可不好比。要是比得不好，全都得遭殃。」但他忽然腦子一轉，笑著說：「萬歲爺上山，可有一比：『好比佛爺帶你登天，一步還比一步高。』」乾隆一聽，心裡不大是滋味：「圓智自比佛爺，占了自己的上風，但又無可指責，只好暫時作罷。」

兩人來到天王殿，只見彌勒佛喜眉笑眼地迎面而坐，乾隆的點子來了，便指著彌勒佛問圓智：「請問大和尚，他為何而笑？」

圓智答道：「啟稟聖上，他是在笑貧僧命運乖蹇，身入空門，終日青燈木魚，碌碌無為。」乾隆一聽，心中暗喜：「這下子給我抓住把柄了」，又問道：「他也在對我笑，照你所言，他也在笑我碌碌無為了。」圓智面對乾隆咄咄逼人的發問，不慌不忙地應答道：「哪裡哪裡，佛爺對不同的人笑有不同的意義。他對萬歲爺迎面而笑，是笑你為萬民操心，以國事為重，不像凡夫俗子，氣量狹窄，笑裡藏刀！」這一番話有所指，乾隆心中自然明白，但卻又無懈可擊，不好發作。

乾隆離寺時，圓智送他下山。走到半山腰，乾隆想起上山之比，想再難一下圓智，便說：「我上山時，你說我一步還比一步高，現在我正在下山，你又該怎麼說呢？」說完，得意地看著圓智，誰知圓智稍思片刻，即從容答道：「如今好比如來佛帶萬歲下山，後頭更比前頭高啊！」啊！乾隆一聽，目瞪口呆。在這裡，圓智面對乾隆皇帝的下馬威，過關斬將，應對自如，除了他才思敏捷之外，也與他善於根據需要變換角度而隨機應變有直接的關係。

橫看成嶺側成峰，遠近高低各不同。在辯論中也一樣，對同一個問題，選取的角度不同，得出的結果也不一樣。從一個角度說不圓的事理，或許從另一個角度能把它說得令人信服、滿意，這完全在於辯論者的靈活自如了。

出其不意巧進攻

一次，有兩個人上法庭打官司。其中一人說另一人欠他許多黃金，另一人硬是不承認，堅持說：「我是第一次見到他，從來沒有向他借過金子。你要他還的黃金，當時是在什麼地方給他的？」法官問原告。「在離城不遠的一棵樹下。」原告說。「你再去一趟，把那棵樹上的葉子帶兩片回來，我要把它們當見證人來審問，樹葉將會告訴我實情。」法官提出這樣一個奇怪的建議。

原告便動身去摘樹葉，至於那個大喊冤枉的被告則留在法庭上。法官沒有和他談話而轉過頭審理別的案子，這位被告在一旁無所事事，於是津津有味地看起法官審案。正當一個案子審到高潮時，法官突然回過頭來輕聲問他：「依你看，他現在走到那棵樹了沒有？」「依我看，還有一段路呢！」「既然你沒跟他去過那兒，你怎麼會知道還有一段路呢？」法官立刻抓住他的語病質問起來。被告這才知道自己露了餡，不得不承認自己的確詐騙對方。

在這裡，法官用的是由遠至近之術。他不問被告是否知道那棵大樹，而是故意讓原告去找樹葉，接著又去審理別的案子，並把被告放在一邊。待他鬆懈之後，再用看似輕描淡寫的一問，使對方在沒有準備的情況下說出了實情。法官再抓住其回答與原先供詞相矛盾的漏洞，趁勝追問，使得其不得不承認罪行。

由遠至近、由此及彼，是論辯術中常用的技巧，就有如剝洋蔥一樣，層層剝開後攻其核心，對方就不會再有反駁的餘地。

由遠至近的論辯方法是一個推理過程，使用此技巧時要注意：

（一）不要過早地暴露目標，以防對手有心理準備。

（二）一開始的話題要隱蔽得有分寸，不能隱得太深，且更不能與主題離得太遠，要注意與主題的聯繫。

（三）要注意論辯推理過程的邏輯性。

LESSON 14

商務談判的技巧

女人的口才、表達的能力，在日常生活中不見得會輸給男人，為了從男性制訂的商場遊戲中打開局面，妳必須發揮女性的特質，熟悉談判的技巧才能獲得勝利。

以下，教妳如何掌握立場、活用談判的坐位地點，並謹記窮寇莫追的原則，漂亮打贏談判桌上的硬戰。

女性與商務談判

談判的鐵律是贏者不全贏，輸者不全輸，自己贏一點，也留一點給人家，人際關係才會圓融。上談判桌前，先瞭解自己要達到什麼目的。在商場上談判幾乎是每天都要發生的事，跟上司要談、部屬要談、客戶也要談。對女性而言，談判似乎更加困難，因為她們還必須拿捏住分寸，在淑女和潑婦之間取得平衡，以便在男性制訂的商場遊戲規則中，創造出雙贏的結果。

要成為談判贏家，最好先瞭解一下外界對談判桌上的女性持什麼樣的看法，才能為自己的進退理出一個頭緒。

一項研究表明，女性比較在乎公平性的問題：「人家對我好，我就對人家好；人家對我不好，我一定要錙銖必報！」換句話說，就是有恩報恩，有仇報仇。女性在購買東西以前，總會比價半天，就是害怕買貴了，受到不公平的對待，這種個性有好有壞。好處是讓女性在準備談判工作時常會比男性週到；壞處是由於太計較公平性，反而使很多事無法轉圜。

美國前國務卿鮑威爾曾說：「如果不在乎一個好點子究竟是誰的意見，你會成就更多事。太在乎公不公平的人，對自己的主意被別人居功，會心裡怨憤，於是很多事就卡在關頭上，讓事業變得很難做。」

許多女性為了不被視為弱者，往往會花更多的時間做準備，所以她在談判桌上的專業表現，常會讓對方刮目相看。但也正由於女性不希望被貼上弱者的標籤，所以在男性看來明明可以商量的事，女性則常常不肯退讓，原本一個可以達成協議的方案，也因此泡湯。曉得這些研究結果之後，怎樣在自己的和對方的立場上維持平衡，是女性在上談判桌前要想清楚的。記得談判金律是贏者不全贏，輸者不全輸，自己贏一點也要留一點給人家，人際關係才會圓融，談判才會成功。

預設圈套

複雜問句法，是指向說話對手提出一個虛假的問題，設置兩種答案讓其挑選，不論對方如何作答，都會掉進自己的圈套，然後盡可指其謬誤，使對方無言以辯。

從前，有一個年輕人家裡的一匹馬給鄰人偷走了。年輕人便與一位警官到鄰人的農場裡去索討，但那人口口聲聲說那是自己的馬拒絕歸還。年輕人用雙手蒙住馬的兩眼，對鄰人說：「如果這馬是你的，那麼請你告訴我們，馬的哪隻眼睛是瞎的？」「右眼。」年輕人放開蒙住右眼的手，馬的右眼相當正常。「我說錯了，馬的左眼才是瞎的。」鄰人急忙爭辯說。年輕人放開蒙住左眼的手，馬的左眼也不瞎。「我又說錯了……」鄰人還想爭辯。「是的，你錯了。」警官說：「這證明馬不是你的，你必須把馬立即還給這位先生！」

這位年輕人在這裡也是用了複雜問句、暗設陷阱的方法。從心理上說，鄰人雖不知道馬的眼睛瞎不瞎或哪一隻眼睛瞎，卻必須強裝知道而不能回答不知道。而他要回答，又必然會臨時捕捉一些可供參考的因素來增加僥倖言中的可能。所以年輕人的發問故意用了個複雜問句：「馬的哪隻眼睛是瞎的？」這句問話包含著一個假設，即馬肯定有一隻眼睛是瞎的，無論對方回答是哪一隻眼睛，都得先承認這個假設。偷馬賊不知是計，還以為年輕人無意中向他透露了馬有一隻眼睛瞎了的真相，所以他懷著百分之五十的希望瞎猜，果不其然地落入年輕人設下的陷阱，不打自招。

穩操勝券的談判法則

有人說：「談判的技巧，就是嘴皮子的技巧。」雖然能言善辯有助於談判成功，但僅限於此是不夠的，還必須輔以其他口才的諸多技巧。

（一）建立信賴

這是成功談判的前提。在談判開始時，如果對對方的處境表示理解，表示願意共同尋找對方滿意的解決方法，就有可能獲得對方的信賴。當對方信賴妳時，就會相信妳的話，相信妳的分析，相信妳提出的解決方法，甚至會覺得妳是在為他著想。

（二）製造競爭

當妳購買中意商品而跟賣主談判時，妳說別處也有此種商品，甚至有比這更合適的，那麼妳的購買談判就有可能獲得成功。

（三）利用合法的力量

人們都有這種感覺，鉛印字、公文或權威人士的簽字是不容更改的、是公正可信的。當這對妳有利時好好利用它，對妳不利時就別過分相信它，因為有時候它們也是可以改變的。

（四）不要分散和孤立自己

當己方有好幾個人參加談判時，就要團結一致，統一目標、統一方法、統一口徑，避免談判中眾說紛紜，無所適從；當己方勢單力孤時，要注意說服別人幫助妳，共同制訂談判計畫與決策。

（五）迫使對方增加投資

要用盡量滿足對方需要和慾望的言辭說話，表示出妳在為對方著想。要盡量表示出對方提供的條件並不完全令妳滿意，要知道，對方在妳身上花費的時間和精力越多，妳的要求最後得到滿足的可能性就越大。

（六）以客觀的態度談判

在進行有關的談判時，有時會因為太認真而顧慮過多，以至於把自己置於緊張和壓力之下。當代替別人進行談判時，就能比較客觀，心情輕鬆，態度從容，往往可以順利實現談判目的。所以客觀的態度談判，容易達成協議。

行之有效的談判技巧

在商業談判上想獲得最佳的結果，最有效的方式並非採取強硬態度，而是要求對方提出更好的條件。以下有幾個建議將可幫助妳進行更有效的談判：

（一）帶點強勢的氣勢

斟酌情況，必要時可以提高嗓門或逼視對手，甚至跺腳表現一點震撼式的情緒化行為。這一招或許可以讓對手為之氣餒，也可顯示妳的決心。

（二）給自己留些餘地

提出比預期達成目標稍高一點的要求，就等於給自己留些妥協的餘地。記住：目標訂得稍高，收穫就比較多。

（三）裝得小氣一些

讓步要慢，並且口氣要帶點勉強、為難。由小讓步獲得的協定對妳有利，因為這可以顯示妳的熱忱。

（四）要有自信，但不要以大權在握的口吻進行談判

妳可以說：「如果是由我做主的話……」這等於告訴對方妳無權做最後的決定，或是妳能做的決定有限，便可爭取較多的時間思考，並充分瞭解對方的底牌。這樣做的最大好處是——妳為對方提供了一個不失面子的讓步方式，使他能接受妳的處境，而自己也不至於像一個失敗的談判者。

（五）不要輕易亮出底牌

對手對於妳的動機、許可權以及最後的期限知道得越少越好，而妳則要盡可能瞭解對方的資料，這樣才能知己知彼，掌握勝算。

（六）運用競爭的力量

即使對方認為他提供的是獨門生意，妳也不妨告訴對方，妳可以在買新產品或二手貨之間做選擇，還可讓對方知道妳可以在買與不買、要與不要之間做選擇，以創造一種競爭的姿態。

（七）伺機喊暫停

如果談判陷入僵局，不妨喊暫停，告訴對方妳要和合夥人、老闆或專家磋商。暫停還可以讓對方有機會懷疑或重新考慮，而且讓妳有機會重獲肯定的談判地位，或者以一點小小的讓步重回談判桌。

（八）當心快速成交

談判如果進行得太快，就沒有時間瞭解全貌，以致來不及詳細思考而亮出自己的底牌。除非妳的準備工作做得非常的好，而對方又毫無準備，否則最好讓自己有充分的時間思考。

（九）在談判過程中

突然改變方法、論點或步驟，以讓對方折服、陷入混亂或迫使對方讓步。這種策略只要稍微改變一下說話的聲調或加強語氣即可。但切勿戲劇性地勃然大怒；不怒而威，就可以讓對方措手不及而轉化立場。

（十）採用兵臨城下的大膽做法

大膽地威迫對手，看對方怎樣反應。這一招帶點冒險性，但可能會非常管用，可以使對方接受修改的合同或是重新談判。

（十一）運用預算戰略

比如說：「我真的喜歡你的產品，而且也真的有此需要，可惜我沒有能力負擔。」這種間接求助的策略，可以滿足對方的自負，因而讓步。

（十二）聚沙成塔，小利也是利

縱使對方只是小小的讓步，也值得珍惜。在整個過程中，對方讓步就是妳爭取而來的勝利，說不定對方的舉手之勞，就能為妳省下不少金錢和時間。

（十三）要有耐心

不要期望對方立刻接受妳的新構想，堅持、忍耐，對方或許最後會接受妳的意見。

（十四）給對方留餘地

總要留點餘地顧及對方面子。所謂成功的談判，應該是雙方愉快地離開談判桌。談判的基本規則是沒有任何一方是失敗者，雙方都該是勝利者。

此外，在談生意時還應該注意以下幾項社交禮儀：

(1)不要與客人隔著辦公桌握手。為了表示尊敬，應該走到對方的面前與他握手。

(2)即使妳想表示自己很熱情，也應避免第一次見面就請對方到高級餐廳用餐，這樣會讓對方感覺很不自然，以為妳急於討好他。

(3)說話不宜過於大聲及高聲，保持聲調略微低沉、語氣堅定、態度平靜，很容易獲得對方的好感，認為妳是一個穩重而自信的人。

(4)對剛認識的客戶不可過於自我標榜，如此會令對方覺得妳很膚淺。

(5)與客戶吃飯的時候，不要總是談一些公事，最好是閒話家常，就算真有生意上的問題要討論，也應留待最後一道甜點時再談。

(6)穿著打扮是很重要的，應選擇能夠展現妳的品味與個性，並且整潔、大方、得體的著裝。

CHAPTER

05

「看場合說話」的藝術

LESSON

15

讚美，說到心坎裡

讚揚一個人，特別是讚揚一個並不怎麼值得讚揚的人就不易了。言不由衷或言過其實，聽起來都會讓人覺得矯揉造作，甚至產生誤解，以為對方在諷刺自己。

鼓勵一個人不難，但讚揚一個人特別是讚揚一個並不怎麼值得讚揚的人就不易了。言不由衷或言過其實，聽起來都會讓人覺得矯揉造作甚至產生誤解，以為對方在諷刺自己。到底讚美話該怎麼說才恰當呢？

讚美的技巧

讚美別人時如不審時度勢，不掌握一定的技巧，即使妳是真誠的，也會變好事為壞事。所以我們一定要掌握以下讚美技巧：

（一）讚美要因人而異

因人而異、突出個性的讚美比一般化的讚美能收到更好的效果。對老年人可多稱讚他引為自豪的過去；對年輕人不妨讚揚他的創造才能和開拓精神，並舉出幾點實例證明他的確能夠前程似錦；對經商的人可稱讚他頭腦靈活、生財有道；對知識份子可稱讚他知識淵博、寧靜淡泊……當然這一切要依據事實，切不可虛誇。

（二）讚美要詳實具體

從具體的事件入手，善於發現別人哪怕是最微小的長處，並不失時機地予以讚美。讚美用語愈詳實具體，說明妳對對方愈瞭解，對他的長處和成績愈看重。讓對方感到妳的真摯、親切和可信，妳們之間的人際距離就會越來越近。如果妳只是含糊其辭地讚美對方，說一些「你工作得非常出色」或者「你是一位卓越的主管」等空泛的話語，不僅能引起對方的猜忌，甚至會產生不必要的誤解和信任危機。

（三）讚美要合乎時宜

讚美的效果在於相機行事、適可而止，當別人計畫做一件有意義的事時，開頭的讚揚能激勵他下決心做出成績，中間的讚揚有益於對方再接再厲，結尾的讚揚則可以肯定成績，指出進一步的努力方向，從而達到讚揚一個激勵一批的效果。

（四）間接讚美比直接讚美更有效

借第三者的話來讚美對方，這樣比直接讚美的效果往往要好得多。比如妳見到某甲，妳對他說：「前兩天我和某乙談起你，他對你推崇極了。」無論事實是否真的如此，反正某甲絕對不會去調查是否屬實的，但他對妳的感激肯定會超乎妳的想像。如果碰巧某乙又是某甲平素很敬重的人，那麼他對妳的感激就會更深。

間接讚美的另一種方式就是當事人不在場時進行讚美，這種方式有時比當面讚美產生的作用更大。一般來說，背後的讚美都能傳達到本人，這除了能產生讚美的激勵作用外，更能讓被讚美者感到妳對他的讚美是誠摯的，因而更能增強讚美的效果。

（五）雪中送炭更有效

因此最有實效的讚美不是錦上添花，而是雪中送炭。此外，讚美並不一定總用一些固定的詞語，見人便說好……有時投以讚許的目光、做一個誇獎的手勢、送一個友好的微笑，也能收到意想不到的效果。

（六）讚美要自然真誠

例如說對方本來就身材矮小，妳偏要誇他高大魁梧，一表人才，對方就會認為妳是在諷刺他身材短小，因而心生反感，甚至於對妳惱恨不已，但是如果妳說妳如何地敬仰拿破崙、邱吉爾、魯迅等，因為他們儘管身材不夠高大，可是他們卻都有所成就，受到眾人的崇拜。他聽了會感到無比地欣慰。這等於是對他說，你儘管身材矮小，可是你仍是很不錯的。

如何做到真誠地讚美人呢？對親朋好友的讚美當然出於善意的鼓勵，但往往不自覺會帶有偏愛或捧場的成分。妳可以態度更熱情、語氣更熱烈，但對人對事的評價絕不能脫離客觀的角度，措詞也應當有一定的分寸。

身為主管幹部或專家學者，如果要在大庭廣眾之下公開讚揚某個人或某個單位，更要經過長期觀察與深思熟慮，做到客觀公正、不誇大、不縮水。因為妳的讚揚常常被當成具有權威性的評價，不僅關係到被讚揚者，而且還會影響社會輿論。

讚美的忌諱

在讚美別人的時候，我們要注意以下幾個方面：

（一）不要在眾人面前只讚美其中一人

假如妳身為部門經理在公司的一次例會上，特別指出這個項目能如期完成多虧了志偉！在座的其他人心中必定憤恨不平：「太過分了，明明是大家一起做的。他不過是運氣較好罷了。成就是我們一起打造的啊！」如此一來，辦公室戰爭就會永無休止了，對公司來說絕非好事。

一般人往往認為：「既然是如此光榮的事，為什麼不在大庭廣眾下加以表揚呢？」實際上，除非是沒有利害關係的稱讚，否則極容易引起其他員工的嫉妒與不滿。這種讚美可在私底下告訴志偉，就不會引起紛爭！

至於公開的稱許，一定要做到表揚每個人的辛勞，例如因為大家努力合作，才有如此的結果。大家的辛勞我已向總經理報告過了，他非常的高興。如此才是最完善的做法。

（二）讚美不宜太誇張

假如妳這樣去稱讚一個口才很好的朋友：「你的口才真不錯，我看沒有任何人可以和你相比。」這種稱讚是缺乏例證的。被妳稱讚的人或許會懷疑妳的誠意，在場的第三者也會不以為然，因為這種缺乏例證的稱讚簡直如同奉承。

可以這樣去稱讚他：「我真羨慕你的口才，你說的話非常簡潔、非常流暢，不像我，總囉唆，顛三倒四。」這種稱讚是得體的，因為妳提出了例證，做出了比較。

稱讚一個人，與其稱讚他最醒目的優點，不如發現他最不顯眼甚至連他自己也沒發現的優點。因為明顯的優點已成為他性格中的一部分，在他自己看來早已是司空見慣，不足為奇，甚至對妳的稱讚感到莫名的反感，顯出不屑一顧的神情；但那些小小的優點，因為從未或很少被人發現便顯得更為珍貴。妳的發現與稱讚，使對方增添了一份對自己的認識，增加了一次重新評估自己的機會，有的人還可能因此得到新的啟示而發揮另一方面的特長。同時，妳不同凡響的觀察力也會得到對方的欣賞。

LESSON

16

批評的藝術

當妳心中憤怒、埋怨、焦慮並想責怪對方時，最好是先整理一下思緒，甚至可以先聽聽音樂或散散步，或看電視，等冷靜時再批評。

在一次演出中，舞臺上的兩位相聲演員在互相對罵，不僅罵得面紅耳赤，甚至還吵起來，以至台下的觀眾以為他們真的吵起來了。但以他們的私交來說，這全屬表演，因為他們兩位本來就是十分要好的朋友，這是在雙方同意之下而做出的表演，所以舞臺上的互揭傷疤，並不影響兩人的友情。類似這樣的情形，在日常生活或工作中是經常出現的。在辦公室裡，如果同事間的私交甚篤，做起事來既輕鬆愉快又順順利利。

我們在工作時難免會接觸到不認識的人，此時最感困難的就是不知對方的為人，他的工作作風又是如何等等。但他對工作的進度有很大的影響。此時妳如果能以和緩的語氣提醒對方，便很容易使對方接受。譬如：「你的心地太善良了，所以時常吃虧。」雖然其意在指正他的缺點——怎麼不懂溝通，讓別人拖延了你的工作進度，但對方聽來似乎在誇讚他的優點。或是說：「你做事太過於慎重。」其實妳是想勸他別太計較小事，事事哪裡都能完美。這些話對交情未深的人說顯得很真心，對方肯定會想：「這人雖與我剛認識，但對我卻觀察真實入微。」自然而然就拉近了人與人之間的距離。

這也是產生彼此信賴感的第一步。一般人或許常讚美他，但也不過是極盡奉承之能事而已，這裡說的雖是指責缺點，但卻能讓他樂意接受，這對彼此工作的進度確實有莫大的幫助。

批評，但不得罪人

在生活中，我們常常會遇到這種情況——不講批評方式，在公眾場合倚理欺人，居高臨下地批評對方，試圖把自己的觀點強加給對方，這樣做往往事與願違。

因此要想別人接受我們的想法，就要掌握批評的方法，這需要注意兩個方面：

（一）要注意批評的態度和語言

使用一種溫和的語言及有效去除僵硬與冷淡的方式。當妳心中憤怒、埋怨、焦慮並想責怪對方時，最好是先整理一下思緒，甚至可以先聽聽音樂或散散步，或看電視，等冷靜時再批評。在實施批評時，最好先適當地表揚對方，透過提及對方的長處，再使對方認識到自己並非完全對，從而改善不愉快氣氛，既維護了他們的自尊，又使他們願意並努力去改進。

（二）因人而異、對症下藥

批評他人要注意根據不同對象採取不同的方法和語氣。對年輕人批評時要語重心長，要寄予希望；對中年人要旁敲側擊，點到即止；對長輩和上級要巧妙提醒，含蓄委婉；對那些老虎屁股摸不得的不講理者要理直氣壯，以正壓邪，在嚴厲批評之後再輔之以耐心地說服。

批評的六大良方

其實有時候良藥未必苦口，忠言也未必逆耳。良藥之所以苦口，是醫學不發達的緣故：忠言之所以逆耳，是說話者對口才養成未加以研究的緣故。這個不研究口才的人，又是因為他不瞭解對方的緣故。

逆耳的忠言和悅耳的忠言，比較起來，悅耳的忠言也永遠占上風。我們的逆耳的忠言外面，一樣地需要一層糖衣，這糖衣，就是同情和瞭解、溫暖和熱忱。所以要批評別人又要讓別人樂於接受，關鍵就在於我們要瞭解別人並對別人表示深深的同情。這應該成為一種品德，而不應該被當做一種技巧。當然，批評是一種藝術，它也具有一定的技巧。批評別人又要讓他口服心服，也要運用一些技巧。

（一）請教式批評

這就是用請教的口吻包含批評的意思，給個梯子讓別人下臺。有個人手拿著釣竿正在一個養魚池裡釣魚。這時，魚池的主人走了過來。那人心裡一緊：「糟了，這下不但要挨罵，恐怕還要被扔掉釣竿了！」誰知魚池主人走近後，指了指池中禁止釣魚的牌子，不僅沒有教訓他，反而很客氣地說：「先生，你在這試鉤，豈不太浪費了？」

那人被魚池主人這種請教型的批評弄得面紅耳赤，連忙道歉，收起釣竿走了。魚池主人把批評變成了請教，既達到目的又維護了對方的自尊，使對方口服心服，制止了他不道德的行為。

（二）暗示型批評

就是不正面提出批評，而把批評的意思暗示在談話之中，讓被批評者自己去理解、接受。某公司總經理的助理歐貝和他的女友莎拉決定要旅行結婚，到風景如畫的瑞士度蜜月。他正為計畫做準備的時候，公司的總經理問他：「你們已經決定要旅行結婚了嗎？」歐貝說：「決定了。」總經理又問：「真心祝福你們，什麼時候出發呀？」歐貝高興地說：「就這幾天吧！」總經理無奈地說：「唉！公司正要與一個客戶談判，並簽訂一份重要的合約，你是唯一的談判人選，你走了誰能代替你呀？」

在這對話中雙方都有理由——歐貝與女友旅行結婚已經決定，無可非議；總經理有一個重要合約要簽訂，唯一的談判人選不能離開。公司總經理無法批評助手歐貝，但在強調歐貝的談判地位時就暗中含有批評之意，當然也含有期望。聰明的歐貝不會不瞭解，而結果不說也知道。

(三) 安慰型批評

這就是一面指出對方的錯誤，另一面又對他表示肯定的批評，讓犯錯者得到真正的安慰。年輕的莫泊桑向著名作家布耶和福樓拜請教詩歌創作。兩位大師一邊聽莫泊桑朗讀詩作，一邊喝香檳酒。布耶在聽完後，說：「你這首詩句子中的意象過多，雖然不易理解好像吃一塊牛蹄筋，不過我讀過更壞的詩。你這首詩就像這杯香檳酒，勉強還能吞下。」這個批評雖嚴厲，但仍留有餘地，給了對方一些安慰。

（四）模糊式批評

用模糊的言詞替代直截了當的批評。雖沒有指名，但實際是道了姓。某公司職員工作一度十分鬆懈，公司經理便召開職員大會進行整頓。他說：「最近這段時間，本公司職員工作態度大多數是好的，但也有少數人表現不佳，有的遲到、有的早退、有的上班聊天……」

這裡所使用的大多數、也有、有的，都是模糊的語言。用這種語言，既顧及了職員的面子，又指出了存在的問題，是不指名的指名批評，效果自然比直接點名批評要好。

（五）旁敲側擊

旁敲側擊的本意是比喻人們在指責別人時，不從正面直接說明，而是從側面刺激。在日常生活中，它往往成為一些修養差、格調不高的人拿來洩憤的武器。其實旁敲側擊作為一種間接表達方式，在與人交際中並非毫無正面意義。當發現苗頭不對，由於某種原因又不便正面指出時，便可透過對事不對人或對團體而不對個人的方式提出警告。這樣就可以既點出問題讓對方心生警惕，又維護了對方的面子給他們改正的機會。

某單位的工作狀況太糟糕，竟有人上班時間打撲克牌、聊閒話，部門主管也不管。在一次會議上，局長嚴肅地批評了這種現象，說：「有些部門上班時間關起門來打撲克牌，不做正事。這種現象必須糾正……雖然沒有具體點到人，可是在場的幾位科長哪坐得住，回去後當然立刻開會進行整頓。

（六）巧用幽默

一般說來，在批評時被批評者的心理常處於緊張的狀態，特別是主管批評下屬、長輩批評晚輩時更為明顯。這些不正常的心理狀態成為雙方建立感情的阻礙，大大降低了批評的本意。如果批評者巧用幽默的語言，含笑地講道理，使被批評者在笑聲中微微臉紅，內心深處接收到的是觸動而非刺激，能心情愉快接受指教，這不是更好嗎？

三國時期，有一年乾旱少雨，雖為天府之國的蜀地，也是糧食告急。於是先主劉備下令禁止民間百姓私自釀酒。當時，有個官吏在民家搜到釀酒的器具，便認定他們不顧禁令私自釀酒了，拘下準備問罪。有一天，簡雍和劉備出遊，看見一對男女走在路上，簡雍見狀，對劉備說：「主公你看，他們定是準備通姦，為什麼不拘押起來呢！」劉備笑道：「胡說，你怎麼知道他們會如此？」簡雍回答：「他們一男一女如此親密，證據確鑿，與那釀酒人的情況一樣，所以我才這麼說。」劉備聽了大笑，就釋放了因有釀酒器具而被捕的人。

簡雍就是以幽默的方式向劉備進言的。漢武帝晚年很希望自己長生不老。一天，他對侍臣說：「相書上說，一個人鼻子下面的『人中』愈長，壽命就愈長；人中長一寸，能活一百歲。不知是真是假？」東方朔聽了這話，知道皇上又在做長生不老的美夢了，臉上露出一絲譏諷的笑意。皇上見東方朔似有嘲弄之意，臉上便有不悅之色，喝道：「你怎麼敢嘲笑我？」東方朔脫下帽子，恭恭敬敬地回答：「我怎敢嘲笑皇上呢？我是在笑彭祖的臉太難看了。」漢武帝問：「你為什麼笑彭祖呢？」東方朔說：「據說彭祖活了八百歲。如果真像皇上說的一寸人中活一百歲，彭祖的人中就該有八寸長。那麼他的臉豈不是太難看了嗎？」漢武帝聽了，自然哈哈大笑。

在這個故事中，東方朔以幽默的語言，用取笑彭祖的辦法來諷刺皇帝。這個批評真算機智含蓄、風趣詼諧，讓正發怒的皇帝也不禁哈哈大笑，愉快地認輸。

巧用幽默的批評，往往以半開玩笑、半認真的方式表現，先打破僵局再轉入實質問題，即使對方一時還接受不了，也不傷和氣，更不至於讓對方難堪、丟臉。因此出於善意的幽默批評不同於尖刻的諷刺、嘲弄，這是由批評者的出發點及態度決定的。幽默批評應該做到不低級庸俗，語言形象生動、深入淺出。

LESSON

17 拒絕的藝術

明確、直言的拒絕，有時自己感到過意不去，也令對方尷尬。這就需要採用一些巧妙委婉的拒絕方式，既表達了自己的願望，不影響彼此之間的人際關係。

如何委婉拒絕

（一）暗示拒絕

透過身體姿態或非直接的語言，把自己拒絕的意圖傳遞給對方。當想拒絕對方繼續交談時，可以轉動脖子、用手帕拭眼睛、按太陽穴以及按眉毛下部等漫不經心的小動作。這些動作意味著一種信號：「我較為疲勞、身體不適，希望早一點停止談話。」此外，微笑的中斷、較長時間的沉默、目光旁視等也可表示對談話不感興趣、內心為難等心理。也可以是語言暗示，如：「找我有什麼事嗎？我正打算出去。還要給你添點茶嗎？」等等，從而間接表達了拒絕的願望。

(二) 轉移話題

對方提出某項事情的請求，妳卻有意識地迴避，把話題引到其他事情。這樣既不使對方感到難堪，又可逐步減弱對方的企求心理，達到婉轉謝絕的目的。

(三) 先肯定後否定

對對方的請求不要一開口就說不行，而是表示理解、同情，然後再據實陳述無法接受的理由，獲得對方的理解，自動放棄請求。

志剛和玉玲是大學同學，志剛這幾年做生意雖說賺了些錢，但也有不少的外債。兩人畢業後一直沒來往，忽然有一天玉玲向志剛提出借錢的請求，志剛很危難：「借嘛，怕擔風險；不借嘛，同學一場。」不好回絕。志剛思忖再三，最後對玉玲說：

「妳在困難時找到我，是信任我，瞧得起我。但不巧的是我剛剛買了房子，手頭一時沒有積蓄，妳先等幾天，等我過幾天帳收回來，一定借給妳。」

（四）引薦別人，轉移目標

實事求是地講清自己的困難，同時熱心介紹能提供幫助的人。這樣對方不僅不會因為妳的拒絕而失望、生氣，反而會對妳的關心、幫助表示感謝。蔡老師是五年一班的導師，她的獨生子今年聯考，負擔頗重。這時班上新轉來一名學生，課程落後一大段，學生家長很信任蔡老師，想請蔡老師為孩子補補課。蔡老師騰不出身，很不好意思，就對家長說：「真對不起，我實在有點騰不出身來。這樣吧，我有個小侄女剛畢業分到某小學工作，讓她幫助補一補可以嗎？」家長聽了非常高興。

（五）緩兵之計

對方提出請求後，不必當場拒絕，可以採取拖延辦法。妳可以說：「讓我再考慮一下，明天答覆你。」這樣，既使妳贏得了考慮時間，又會使對方認為妳是很認真對待這件事情。

豔秋一心想當一名記者，於是想從學校調到某報社工作。她找到了她小學老師的丈夫——某報社黃總編。黃總編知道報社現在嚴重超編，但又不好直接拒絕，於是對豔秋說：「剛剛超編進來一批畢業生，短期內社裡不會考慮招募的問題了，過一段時間再說吧！」黃總編沒說這事絕對不行，而是以條件不利為理由，雖然沒有當時拒絕，但為後來的拒絕埋下了伏筆。

(六)果斷拒絕的技巧

在人與人之間的交往中，總會遇到這樣的情形，就是妳想拒絕別人的一些要求，但又不想傷害感情，因此常常給自己帶來許多煩惱。那麼，要想擺脫這種煩惱，只有一種方法，就是在權衡利弊之後，果斷地拒絕妳本來該拒絕的邀請，這就需要妳掌握好拒絕的方法。

⑴笑著拒絕，不需要理由

笑一笑，說：「不必了，謝謝你。」既然不欠別人什麼，只要待她有禮貌就可以了。妳沒必要說明理由，除非妳願意那樣做。

⑵直言不喜歡

雖然妳對這個人感興趣，但是不喜歡他提議的活動，那就直接告訴他。告訴他妳喜歡什麼，看他是不是也感興趣。

(3)在感謝中拒絕

妳既不喜歡這個人，也不喜歡他提議的活動，但是妳卻很感激他邀請妳，那就把妳的拒絕夾雜在對他的感謝中間。如果妳想找點別的事情來搪塞，別人很容易識破妳，但可這樣說：「其實能和你一起聊天，我很高興，雖然我正要去泡溫泉。不過我很感激你的邀請。」

(4)以某種行動拒絕

如果那人不理會妳客氣而又堅定的暗示，那就索性離去。如果某人表現得很不得體，可是只要妳一直站在那裡和他說話，他就以為他可能會動搖妳的決心。行動勝於言語。要相信妳的早期預警系統，一旦感覺到不舒服，就盡快離開那個人，不要等出現了問題再動身。

(5)用推托表示拒絕

如果朋友邀妳晚上看電影，而妳不想同他交往，但這理由又不能告訴他。妳可以對他說：「這部電影是新影片，我也很想看，可是明天要上課，我還有不少作業要做，電影只好割愛了，真對不起。」用推托表示拒絕是最常見的方式。

LESSON

18

說服的語言藝術

妳如果要說服一個人做某件事，在開口之前，最好先問問自己：「我怎麼樣才能使他願意去做這件事呢？」

站在對方的角度考慮問題

成功的人士往往都善於與別人合作，他們懂得站在對方的立場上考慮問題。

卡內基每季都要在紐約的某家大旅館租用大禮堂二十個晚上，用以講授社交訓練課程。一天，當他剛開始授課時，忽然接到通知，旅館經理要他付比原來多三倍的租金。但在他知道這個消息以前，入場券已經印好，而且早就寄出去了，另外其他開課的事宜也都已辦妥。很自然，他得去和旅館經理交涉。怎樣才能讓旅館經理讓步呢？他們感興趣的當然是他們想要的東西。

兩天以後，他去找經理說：「我接到你們的通知時有點震驚，不過這不怪你。假如我處在你的立場，或許也會寫出同樣的通知書。你是這家旅館的經理，責任是讓旅館盡可能得到更多的利潤。你不這麼做的話，經理職位可能就不保了。假如你堅持要增加租金，那麼讓我們來估計一下，這樣對你到底是有利還是不利？

先講有利的一面。大禮堂不租用做講課而是租給用做舉辦舞會、晚會活動的單位，那你必可以獲得較高利潤。因為舉辦這一類活動的時間並不長，他們卻願意一次付出高額的租金，比我能支付的金額當然要多得多。租給我，顯然你吃大虧了。

現在，來說不利的那一面。首先，你增加我的租金卻是降低了收入，因為實際上等於你把我趕走了。由於我付不起所要的租金，勢必得再找別的地方舉辦訓練班。還有一件對你不利的事實。這個訓練班將吸引成千個有文化素養的中上層管理人員，到你的旅館來聽課，對你來說，這難道不是個不用花錢的活廣告嗎？事實上，你花五千塊錢在報紙上登廣告，也不一定能邀請到這麼多人親自到你的旅館來參觀，可是我的訓練班學員卻全讓你邀請來了。這難道不合算嗎？」

講完後，卡內基告辭了：「請仔細考慮後再答覆我。」當然，最後經理讓步了。在卡內基獲得成功的過程中，沒有談到一句關於他要什麼的話，他是站在對方的角度想問題的。

站在對方的角度上考慮問題，就要先接受對方的立場，說出對方想講的話，即站在對方的立場上發言。如：「我也覺得你過去的做法還是有可取之處的，確實令人難以放棄。」那麼為什麼要這樣做呢？因為當一個人的想法遭到別人拒絕時，極可能為了維持尊嚴或嚥不下這口氣反而變得更倔強地堅持己見，抗拒反對者的新建議。想要說服別人卻變成這樣的狀況，成功的希望就不大了。

選對說服的時機

說服的對象是人，當然有煩躁、發怒的時候。比如當時他可能正在因什麼事而苦惱，他就會說：「雖不是什麼大不了的事，但現在我的精神狀態不好，不能聽別人說話。」或者是他正忙著，沒工夫聽人慢慢解釋。在這個時候妳想去說服他，是難有好結果的。

那麼抓準說服時機的關鍵是什麼呢？

⑴觀察被說服者工作的行程如何？例如：在什麼時間工作會告一段落。

⑵被說服者身體狀況如何？例如：低血壓的人，下午比上午狀況要好些。

⑶根據被說服者的舉止及常出現的習慣動作，來判斷他的精神狀態如何，例如：他在不停地晃動大腿，大概相當煩躁不安。

⑷是否能靈活劃分說服階段？例如：這件事在本週內如果不談妥，就會不利於今後工作的展開與進行。

⑸被說服者主動找妳談話。例如：剛好，我也有事想說給你聽呢！

⑹是否抓住有利時間？例如：決定一大早就去找他。

⑺時機不好，本來可談妥的事就會談不妥。比如妳在請人吃飯的第二天就匆匆去洽談業務，會讓對方感覺昨日的飯局是有目的的，於是就會覺得心裡不舒服，甚至產生反感。業績好的銷售員，是在充分瞭解這些情況的基礎上行動的。

⑻有些人經常會抱怨拜訪過幾次都見不到面，其實這種人失敗的根本原因往往是他訪問的時機總是不對。妳去說服時，一定要找對方最空閒的時間。

找個適當的場合

場合不同，說服的效果也就不同。那麼選擇什麼樣的場合容易說服別人呢？

（一）安靜舒適的場所最適合

人各自都有能使自己心情安定的場所。雖然每個人的需求都不同，但安靜的地方往往能使人的心情平定下來，在吵鬧場所能平定下心情來的人是極少的；尤其太開放的場所令人不安，稍微有點隔離的場所較能使人放鬆。最好是在不受干擾的場所，有了寬鬆可放鬆的氣氛，人自然就比較沒有壓力，心裡也比較自在。

（二）選擇適合對方性格的場所。

在這裡我們設想一種邊用餐邊進行說服工作的場面。共同用餐這種行為，最適合加深親切感，能否理解這一點並加以巧妙運用，往往導致說服的成功或者失敗。

對於任何事都以商務模式來處理的人，妳就要選擇高級餐廳，那種稍微講究門面的場所，才會有良好的效果，保持適度緊張感的氣氛可以提高說服力。

對待爽快型的人，選擇不講究排場但舒服、輕鬆的房間最有效果。如日本人大多數在榻榻米上就能放鬆心情，尤其是政治家在飯館等地方也喜愛盤腿而坐，大概是因為這樣就能坦率地談話。另外，依對方情況選擇公司附近的飲料店或餐館也行，從公司走出一步、改換了場所就能改變心情，也較容易使對方願意聽妳說。

與尚未熟悉的人在酒吧或夜總會邊喝酒邊談是很有效果的。燈光略暗的地方能讓彼此間變得親切起來，但是千萬注意，太低級的場所卻會導致反效果。總之，能有好好談話的氣氛永遠是必要的。

而想和下屬或上司深入談話時，或想和同事說說妳的心裡話時，在天台上、公園、露天茶座等場所交談，有時效果會很好。藍天、微風和周圍的景色，會瓦解人的心防。另外，妳想更進一步進行有利於自己的談話時，就要利用妳常去的地方。這樣一來，只要向和妳熟識的店家拜託一聲，店家就會把妳招待得很週到。因為這會使自己產生像在家裡一樣的安全感，心情也較為輕鬆，就容易推進說服。相反的，對於不想被人說服、防衛心較強的人，在與他打交道的時候，就要去讓對方感覺像在家裡一樣舒服的地方，他才會解除防備心。

不過有些時候雖是妳認為適當的場所，也會因一些什麼理由而使得說服進展不順利，這時就要立刻變換地點。從狹小的地方換到寬敞的地方，從寬敞的地方轉到狹小的地方，從亮的地方改到昏暗的地方，要像這樣試著變換一下說服的地點。然後，如果以前一直是面對面而坐這次就試著並排而坐，或者以肩併肩的距離來說服別人，成功的機率也會提高。

說服別人的原則與方法

為了有效地說服別人，應掌握以下說服對方的幾點原則：

（一）找到被說服者的需求和動機

因為人的任何行為都是有一定動機的，而動機又是由需求所決定的，所以要找到對方的需求和動機。

（二）利益在先，道德在後

不管講什麼事，要想說服人，要從人們利益的角度去講道理，這樣才能收到良好的效果。

（三）留有選擇權

不管妳多麼有權威，人們都不喜歡受人強迫，這就是人的一種保護自身自由的心理，所以要先告知對方選擇後的結果。領導者可以指明方向和條件，但要由人們自己去選擇行為的結果。即便是我們讓人們選擇結果，也應該讓他知道這是他自己的決定，好壞需自己承擔。

（四）注重感情

在人與人的接觸和交往中，感情的作用就十分重要。有人說，再雄辯的哲學家也無法說服不願改變看法的人，唯一的手段是先使他心軟，其道理就在這裡。在被說服對象抗拒心態比較重的情況下，先讓他們發揮一下是對的。發揮不只是情緒的宣洩，而且可以讓他們在原來的路上往前走得更遠。這時因為事情已經過頭，也因為走得越遠，錯誤越容易暴露，他們自己便會意識到自己的錯誤，這樣自己就把自己說服了。

（五）先順後逆，先退後進

心理學有個名片效應，是說與人接觸，先要向人家介紹自己的情況，讓人家瞭解自己，取得信任。心理學還有個自己人效應，是說與人接觸，要取得人家信任，就應該先讓人家認為妳是他的自己人。我們採用這種先順後逆的說服方法，的確可以消除對方的對立情緒，拉近雙方的心理距離，認同感自然建立。

（六）激發動機

美國的門羅教授提出了一種激發動機的五步法——一是引起對方的注意，主要是要善於提出問題。二是指出他需要什麼，把說服對象引到他自己的問題上。三是告訴他怎麼解決，拿出具體的解決辦法。四是指出兩種後果，即是不同的兩種結果。五是說明應取的行動，這便是結論。這種方法實際上也是站在對方立場上說服對方，是從對方的動機出發，先在動機上尋求一致點，這樣的說服既能迅速成功。

（七）尋找溝通點

實際上，無論在心理、感情還是在生理上，都可以找到雙方共鳴之處，即溝通點。共同的愛好、興趣、性格、情感、理想、行業等等，都是很好的溝通媒介。事情往往是這樣的，對方哪怕是向我們這裡移動一小步，他們的立場、態度、認識都會發生顯著的變化。

（八）歸納法

這是一種提供多種事實讓對方自己去分析、歸納的方法。對有相反立場的人，採用只提出事實不給結論的方法，容易被接受。

（九）對比法

擺出正反兩個方面的事實，讓對方自己去判斷是非曲直，或讓他們跟著我們一起去判斷對錯，這也是一種好方法。

（十）利用興奮點

就是利用人們最關心、注意的事情，把這些事情和我們要說的事情串起來，以便獲得說服的效果。以興奮點作為開場白，或融入我們的談話皆可。但這需要我們動動腦筋，尋找那些確能使人興奮的事情。

（十一）轉換資訊促使他改變

有些人學習不夠，對一些問題不理解；也有些人習慣於舊的做法，對新的做法不瞭解；還有些人聽人誤傳，對某些事情有誤解等等。在這種情況下，只要能把資訊告訴他，他就會察覺到他原本的看法不如想像的那麼美好，進而採納妳的新主張。

（十二）對方期望的心理

被說服者是否接受意見，往往和他心目中對說服者的期望心理有關。說服者如果威望高，言行一向可靠，或者平時和自己感情好，覺得可以信賴，就比較願意接受他的意見，反之就有一種排斥心理。所以作為領導者，平時要注意多與下屬來往，和他們建立深厚的感情，這樣在工作的時候就能變得主動有力。

（十三）管理學上一句名言

「到用戶那裡五次，他就會購買。」這是推銷商品的原則。日常的說服也是這樣，鍥而不捨或不斷灌輸給他新看法，也會有效果。這不單是一種纏功，還是一種壓力，一般人是很難抵抗的。

LESSON

19

道歉安慰的語言藝術

人孰能無過，做錯了就應該向他人道歉，衷心地道歉，不但可以彌補破裂的關係，而且還可以增進感情，但道歉要選擇適當的時機。

道歉的時機

道歉之事不宜拖延。很難想像幾十年後的一句對不起，還能有多少效果，太遲的懺悔已沒有意義。有時拖延數日就可能錯過適當的機會，過後再追悔莫及也沒有用了，只能抱憾終生。

所以記住，道歉的第一個原則是快，最好是立刻表達妳的歉意，千萬不要等時間來沖淡對方的憤怒，時間帶走的將不只是怒氣。

道歉一定要懂得察言觀色。在對方被激怒、火氣正旺的時候，妳道歉不會有太大作用。甚至還會遭到侮辱。此時最好的辦法就是靜靜走開，等對方把火氣發洩出來冷靜下來之後，再想辦法向他道歉。

類似的不宜立刻道歉的情況還有：「如果妳說錯了話，對方的反應也可能不是發怒而是悲傷，這也許說明情況更嚴重了。這時，妳需要審時度勢，如果貿然上前，妳可能碰一鼻子灰，不但達不到解釋的目的，反而會遭遇冷淡。不如先找其他親近的人幫忙勸勸，自己再上場，效果可能要好一些。另外，如果有外人在場，祕密的道歉話也不要急著說，另找合適時機。還有如果妳的問題不是很嚴重，對方工作正忙或正在為其他事情焦急的時候，也不要打攪對方強行道歉，這樣反而會令對方更加不滿。」

另外，還可以使一些小招數使對方的心情好起來，比如約對方到一個環境幽雅安靜的地方，雙方都能平心靜氣，自然也就容易推心置腹、開誠佈公地談一談心。或者送一份別緻的小禮物，不一定貴重，但一定是對方喜歡的東西，這樣可以用誠意來打動對方，道歉就成功了一半了。

另外不同性格的人對憤怒的反應方式是不同的，因此道歉也應根據對方的性格特點來選擇合適的方式。下面我們就來針對不同星座人的性格特點做一下分析，看看對他們更適合採用哪種道歉方式：

⑴白羊座：怒氣來得快去得也快，妳只要在合適的時間向他道歉就行了。

⑵金牛座：容易記恨，所以應用慢慢哄的方式，比如請他吃飯。

⑶雙子座：別太正式，可以營造出輕鬆俏皮的氣氛，使他樂於接受道歉。

⑷巨蟹座：因為比較容易遷怒，所以要巧妙設計，盡量以如果無其事的方式向其道歉。

⑸獅子座：自尊心很強，向其道歉時要請親友團來調解，效果才好。

⑹處女座：大可直接道歉，明理的他會先從自我反省做起。

⑺天秤座：心胸比較開朗，只要向其真誠道歉即可。

⑻天蠍座：由於復仇心較強，需要在衝突後迅速向他道歉以明哲保身。

⑼射手座：生性樂天且無責任感，生氣後很快就沒事了，隨便怎麼道歉都行，但一定要有誠意。

⑽摩羯座：責任感強且倔強，想要求得其諒解，請拿出愚公移山的精神來！

好。

⑾水瓶座：吵架常因意見不合，隔天在他有興致地談論某一話題時附和兩句就好。

⑿雙魚座：感情豐富易受感動，道歉要以情動人，盡量肉麻。

道歉的方式

如果親人之間發生了小矛盾，最好的道歉方式是選用一些日常性的習語、愛稱或者改變人稱。一般來說，這類語言感情色彩較重，容易拉近雙方的心理距離，從而產生道歉的作用。例如兒子跟父親發生了一場激烈爭吵，事後兒子有些後悔自己不理智，但又不願說我錯了。這時，兒子的母親這樣勸告他：「主動找爸爸去，不用認錯，只需告訴他『我愛你！』」果然，兒子的我愛你三個字一出口，父親便聽出了話中的道歉和解之意，很自然地消了氣。

在向別人道歉時，也可以使用自責的方式，這可以讓對方明白自己道歉的意圖，且能顯示出自己豁達、率直、敢作敢當的風範。有一主管由於好發脾氣，經常得罪人。後來經人提醒之後，他學會了用自責的方法委婉道歉，贏得了人心。比如他在下屬面前發了脾氣清醒後，便立即對那受窘的下屬表示：「請你記住，我比平常人還要蠢！真的，以後我一定要學會沉默。請你監督我，好嗎？」此番話含有自責的意味，明白人一聽就能曉得其中的認錯之意。

道歉還可以採取逑利析弊的方式。逑利析弊可以讓對方感到是站在自己的立場上想問題，接受道歉對自己有好處。一個商人被員警以交通違規為由罰了一大筆錢，但事實上他並沒違規，於是他找到警察局並揚言要將此事報到媒體去。局長當時就讓那員警向他道歉，並談了自己的看法：「其實你透過媒體曝光，除了使他失業外還能得到什麼呢？倒不如我們內部給他處罰，你自己也可以得到一定的補償。得饒人處且饒人，也顯得你有度量。」商人聽罷也想，既然別人已經道歉了，再逼就未免有點過分了，於是同意了對方的處理方法。

在這裡，局長的話是有策略的——他在真心實意地讓那個員警道歉時，讓對方清楚，做得太過了沒有什麼利益可圖，反而會顯得心胸狹窄、報復心強。與其如此，還不如放人一馬以顯示自己的寬宏大量。

道歉的語言技巧

道歉的技巧各種各樣，最常見的主要有如下幾種：

（一）陳述自己失誤的原因

當錯誤已經釀成的時候，首先要坦率承認錯誤，使對方的怒氣漸漸平息下來，然後再從主客觀方面出發，向對方分析自己失誤的原因。在一般的情況下，對方都會理解你的苦衷。

（二）誇大自己的過錯

當妳把自己的過錯誇大的時候，也意味著妳有著一顆勇於承擔責任的心，同時也表達了希望得到理解的願望。妳越是誇大自己的過錯，對方越不得不原諒妳。

（三）讚美對方

大多數人受到讚美後，都會不自覺地按讚美的話去做。邱吉爾起初對杜魯門的印象很壞，但後來他告訴杜魯門，說以前低估他了，這種讚美方式讓兩人的關係一下子變得親密了好多。

（四）暖言撫人心

同情心是人與人之間最珍貴的禮物。我們時常得到別人的安慰，同樣去安慰別人也是我們應盡的義務。可是怎樣安慰呢？一個朋友生病了，妳到醫院或他家裡看他。妳也許會說：「安心休養一段時間吧，你不久一定會康復的。」妳大概以為這一定是最適當的安慰語了吧！但按照談話的藝術看來，這句話不過是一種和善的祝福，卻不能算是安慰。如果這兩句話可以當做安慰，那麼除非是出自醫生的口中，除了醫生，病人是無法因為從任何人口裡聽到這話而感到安慰的。如果妳單說這兩句話，在安慰人上來說是毫無效果的。

那麼應該說點什麼呢？如果妳的朋友雖然不能走路，但卻有談話的精力，那麼妳去探病不一定得說安慰話，因為那些話他也許聽得太厭煩了。病榻的生活是最枯燥的，和他說說外頭有趣的新聞，一些幽默的話題吧！讓他從妳的探視中得到快樂，這就是給他最大的安慰，他會樂於反覆回想的。

絕不要囉唆地直接問病人關於他詳細的病症和調養方法，因為他也許已經對別人說過不下一百次了，為什麼妳還要麻煩他呢？關於這類事情還是問他的家人吧，不要以為直接問病人是表示妳的關心，其實這根本就是騷擾。

假如妳一定要說幾句安慰的話，那麼就不要裝成憐憫他的樣子。有幾個人會接受別人的憐憫呢？因為妳越憐憫他，他越覺得自己患疾病是一種莫大的悲哀，所以我們要用相反的方法。有一次，彼得生了一場小病，躺在床上不能起來。一個朋友來看他，剛見面就說：「你多麼幸運啊！我也想生點小病，好讓我也能安靜地躺在床上休息幾天。」一聽了這話，彼得想起每天忙碌而繁重的工作，不覺就為自己因患小病能暫時擺脫工作而暗自慶幸起來。彼得朋友的這幾句話，竟使他覺得生病是幸福的。

安慰病人的家屬卻不易討好。與其說幾句空泛的話，不如給他一個使他能免於神經緊張的話；但如果要這樣做，就需要妳對這種疾病有特殊的見解，為他們說明必經階段，才能真正使他們得到安慰。

安慰一個死者的家屬，最好的方法還是不要提及死者，讓家屬忘記這個無可挽回的不幸是最好的方法，何必為了表示妳的惋惜卻又撩撥別人的悲哀呢？但有些人卻深深陷入悲痛中，似乎不願意也不能忘記那不幸的事。那麼佛蘭克林的幾句話可供參考：「我們的友人和我們像被邀請到一個無限期的歡樂筵席裡。因為他較早入席，所以他就比我們先行離席。我們和他是不會剛好同時離席的。但當我們知道我們遲早也要跟他一樣地離開這筵席，並且還一定會知道將在何處可以找到他時，我們對於他的先走一步為什麼要感到悲哀呢？」生死似乎是一個謎，但如果能把謎拆穿了，讓對方能夠了悟，使對方能夠從痛苦中解脫出來，這就是安慰的目的。

在日常生活裡，需要安慰別人的機會更多。當一個朋友受不了沉重的壓力而哭起來時，妳不要立刻過去勸她不要哭，這是不能解除她的悲傷的。讓她好好地哭一會吧，當她的感情找到了宣洩的方式以後，妳幾句勉勵的話必勝過千百句勸她不要哭的話。

對別人的不幸表示同情，也能給別人安慰。這算得什麼呢？何必為這苦惱呢？如果妳僅能說這兩句卻不能進一步解釋為什麼這算不得什麼，那麼妳還是不說為佳。他覺得這問題使他很苦惱，妳不僅沒有給他安慰反而使他不高興了，他心裡一定會想：「妳懂得什麼？妳只會說風涼話，難道我是為了不值得的事情自尋煩惱嗎？」所以安慰的必備條件還是同情。我明白你的痛苦，在生活中苦惱是無法避免的，我們不能希望四季皆春，大自然如此分配，氣候也必須有嚴冬。今天雖然下雨，明天陽光依舊會普照大地的。這樣的話，不是較譏笑別人說他為小事煩惱更為得體嗎？

但是最巧妙的安慰方法是在安慰中包含著鼓勵的成分。有一次，吉布提向一位朋友訴苦，說他歷經十年的筆墨生涯，至今還無力去購置一張寬大的書桌，使他能舒適地工作。吉布提的朋友聽了，卻安靜地說，世界上的偉大傑作都是從小書桌產生的。寥寥幾個字，使吉布提不再因書桌狹小而沮喪，還暗示吉布提的未來有著無窮的希望，也許會完成一部不朽的著作。吉布提至今還認為這是他所聽到過最好的一句安慰話。

如何安慰親朋

當妳的朋友、同事、鄰居或者親戚等遇上不痛快的事情或災難時，往往需要妳的安慰。那麼如何能適當地安慰正處於痛苦中的他們呢？

（一）安慰罹患重病的親朋

當得知親戚或朋友患了嚴重的疾病甚至是危及性命的絕症時，應盡快表示出妳的關心。先與病人的親屬或醫生聯繫，瞭解病人的病有多嚴重，決定是否告訴病人真相。

見到病人時，不要一上來就沒完沒了地詳細詢問病情或安慰個不停，因為或許醫生或家人對他還隱瞞著病情呢！妳只需一句：「嗨！你好嗎？或嗨！怎麼樣？」就可以表示出妳的關心了。

安慰朋友時，不能只用「真是不幸、糟透了、太慘了」之類的話反覆安慰。可以用：「真是沒有想到，怎麼會這樣呢？」表示妳的關切，然後就可巧妙地轉移到樂觀鼓勵的態度上，比如說：「沒事，你肯定會好起來的！」

如果病人所患的是絕症，那麼就不要再說鼓勵和加油的話了，這時最好的方法就是陪伴他，在他希望說話時陪他說話，為他提供精神上的慰藉。

（二）安慰痛失親人的親友

幫助他們將心中的悲痛發洩出來，壓抑、克制並不是值得誇讚的堅強，勸阻的話語不應在痛苦最強烈的一刻說出來。

當對方向妳訴說失去親人的哀傷時，不要有意迴避提及對方親人的往事。妳可小聲傾訴逝去者的美德和做過的善良好事，然後當對方轉為專注的傾聽時，就可緩解他的痛苦。

在事情發生後的短時間內，不要只會用節哀順變之類的套話，更不能過早說出不利的話語：「妳還年輕，馬上就會找著合適的人結婚的。」或者：「還好你們沒有生小孩，再婚比較容易些。」這麼做無疑是對生者與死者的雙重傷害，儘管說者確實是好心。

如果對方有孩子，在安慰她時不必把孩子牽扯進來，因為這不僅對減少對方心中的痛苦無實質作用，更會加重某些人的痛苦。

實際的幫助勝過大段的話語。一些對妳來說力所能及的小事，可能會給對方幫個大忙。比如幫喪偶的男士照看他的孩子，他會非常感激妳的。

（三）安慰失戀的朋友

對於現在的年輕人來說，失戀似乎已成家常便飯。可是當一份刻骨銘心的戀情就這麼消逝時，無論多灑脫的人都會傷心難過。這時妳便應該開導、勸慰她！即使妳一直覺得他們很不匹配，遲早都會分手的，也不要這時向對方說：「妳們倆本來就不配，這是遲早的事。」也許妳這番話是不錯，但對於當事人來說，這份愛情是用生命來譜寫的，這樣講會更加傷害當事人的。

耐心地聽他傾訴，但不要輕率地指出兩人中的任何一方有什麼不對之處。妳的傾聽就是對他的安慰，過多地參與評判也許正好刺到對方的痛處。

隨時處處考慮他的境況，細心地將他帶出失意的感情。週末時可邀他一起吃飯，因為習慣了過兩人世界的他，可能最不能忍受的就是週末形單影隻的寂寞。也可請他一起參加朋友圈的聚會，但不要提及對方失戀的事情。聚會一般不要太大，有四、五個親密好友就可以了。

如果失戀的是妳的女性朋友，不妨邀請她跟妳一起逛街。開始可以藉口請她幫妳挑一條裙子，發展到後來可能是她也買了一堆衣服，轉移了壞心情。有些女士在換上新裝時，心中也會暗示自己該換一個生活狀態了，這時走出失戀的陰影也就不遠了。

或者妳也可以請她吃東西，美味的食品能很好地調適內心的沮喪，或者請她幫忙，讓她有事情做不至於閒得想那些事情。

CHAPTER 06

當個會說話的好情人

LESSON 20

每一次當愛靠近

青年男女在開始單獨接觸的過程中，往往會覺得很尷尬，再加上有些女性的性格比較內向，即使面對心儀的人往往是沉默不語，不知不覺使雙方都陷入難為情的窘境。

當妳遇上心儀的人

與戀人初次交談的奧妙就在於甜言蜜語。它能使妳在情竇初開之前，把妳豐富的思想、微妙的心聲，用美好的語言表達出來，去接通對方的脈搏，爆出愛情的火花，使愛情的烈火從此熊熊燃燒起來。

（一）坦率地說出想說的話

包括在喜歡的人面前，假如說還沒有找到想說的話，那依然是一個自尊心的問題。如果一說話，就是說些對方關心或愛聽的話題及有趣的話題，那麼當提不出什麼話題時，自己就會精神緊張。

但是站在對方的立場想想看，又會怎樣呢？以學者自居說些很難懂的話時，不但會讓人感到討厭（即使說些好像剛從哪裡聽到的插科打諢的話），也會使人掃興。與其這樣，倒不如用自己的語言坦率地按自己想的去說，這樣的人更具有魅力。最好是不裝腔作勢地表述自己確認為好的、感興趣的事情去交談。

（二）述說對方的優點

如果怎麼也找不出話題時，那就找一個好方法。畢竟是自己喜歡的人，所以對方的魅力或優點會立刻浮現在自己的腦海中，這樣，用不加修飾的語言傳遞過去試試看，對方一定會高興。對於漂亮的人就說真漂亮，有才華的人就說有才華，這是很正常的。

一般地說，要想憑誇獎獲得男性的喜歡，對女性而言是困難些，然而並不是不可能，關鍵在於找到突破點，那就是男性特色。

男性往往把事業看得很重，因此妳如果要誇他就可以突出他的精明能幹、才智過人，或者他的大器早成、官運亨通，也可以稱頌他的有勇有謀、膽識過人，或者他的資訊靈通、富有經商頭腦等等。

與此相關，男性較多地注重自己的內在氣質而忽略外表。妳可以誇他胸懷豁達寬厚、長者風範，妳可以誇他自甘淡泊、志趣高遠，妳可以誇他能屈能伸、大丈夫氣概，妳可以誇他學識淵博、為學者楷模，妳可以誇他雍容睿智、情趣高雅、富於藝術修養。

當然，男性也有很強的虛榮心，所謂士可殺而不可辱，這就說明了他們對於面子的鍾愛，也就是說，他們也還在乎面子上的東西。那麼我們就可以投其所好地誇他瀟灑的頭髮、高挺的鼻樑、剛毅的臉龐、有力的嘴唇或者誇他天庭飽滿、印堂發亮，身材高大魁梧、肩寬背厚，富有男子漢氣魄。

總之，誇男性時要恰到好處。如此這般一定會打動他的心曲，尤其是初見者。

想說愛他並不難

所謂男友，是愛情尚未確定需要加深瞭解的男人。既然男友不是愛情成熟的戀人，那麼和男友應該怎樣相處呢？

當他在大家面前或單獨對妳讚美時，妳應該微笑表示謝意。這是最含蓄也是最有禮貌的。他在大家面前或單獨對妳談天說地時，所談的話忽然觸及妳的弱點，不管他有意無意妳應不以為然，場面便很輕鬆，既不開罪於人也不令人難過，大家會覺得妳很有度量、很有修養。假如妳看出男友是故意的，那麼以後盡可能避免和他見面與出遊；如果他言出無心則他會懺悔，他對妳的寬宏大量也會敬重不已。

如果他高談闊論說大話，妳不可助長其氣焰，也不可揭穿他，最好以欣賞的態度聽之。更重要的是：「妳要讓對方知道，妳願意聽他說的話。」

如果他約會逾時甚至失約，後來見面時不要加以責備，而是婉轉問他逾時失約的緣故比較好。如果一字不提，他會以為妳不當一回事；如果表示不高興或加以責備，則會令他難過。

如果他請妳上餐館吃飯，讓妳點菜時，如果當時只有妳們兩人沒有他人，妳如不點菜他會覺得難辦，妳如點價錢最便宜的菜他會不安。因此妳還是點一個中等的菜問他喜歡不喜歡，然後請他再點一個菜，他一定高興。

他指著百貨公司或時裝店，說要送禮物給妳。如果妳不願意接受，不妨說媽媽不許我接受男友的禮物，這樣拒絕比較委婉。

步行途中，他牽著妳的手甚至攬著妳的腰，妳雖愛他但怕被人看見，於是妳可以輕輕笑道：「被人家看見不好意思。」或說：「我們也許有一天要這樣，卻不是現在，暫時把手放下吧！」這樣他易信服接受。

妳對他認識尚淺、愛情未定，他求吻時妳不妨說：「待我們認識較深的時候吧！」晚上，他送妳回家，到了門口，妳最好說：「謝謝妳，再見！」

男孩子在天性上一般是比較沉默寡言的，他們並不擅長用語言將他們的感受說出來，而且他們在社交活動中會感覺渾身不自在，這點我們要瞭解。因此打開話匣子的任務就不能完全寄望在他們身上，而是在妳的身上了。

妙語連珠的相親語

現在，許多男女青年選擇配偶的方式是透過介紹人或婚姻介紹所。因而第一次見面相親時的交談，就成為戀愛是否成功的關鍵，女性朋友在相親的時候，一定要給對方留下美好的印象。

討老婆，麻雀勝鳳凰，有人這麼想，何況相親前雙方早就看過照片了，要是不中意就不來了。由於雙方已經互相交換過履歷表，對於學歷、年齡和家庭狀況略知一點點，因此前來相親者，多數對於對方的情況比較滿意。

下面我們看一下一對男女相親時的對話：

「我喜歡吃，也喜歡烹飪，從中學時代就常常幫媽媽的忙，所以我對烹飪十分有信心。」

「那很好！這麼一來，我經常可以品嘗美味了。如果當妳的先生一定很幸福。」

「歡迎！我特別下點工夫，弄幾道菜，就像蠔油雞片、八寶鴨、鞭蓉魚片湯，不錯吧？」

「哇！這是正式的宴會名菜，不是一流的餐館還做不出來呢！」

相親時的交談如果能夠如此順利進行，最後締結良緣的機率就相當高了。

委婉拒絕的五大祕訣

每一個女孩子都會有許多人追求她，但是她不可能對每一個人都喜歡。如果妳沒有與這個人交往下去的打算或者僅僅是沒有約會的心情，但是又接到了邀請，妳怎麼辦呢？這裡有一個標準的範式：「好，……但……」即是先答應後拒絕。

（一）在拒絕時陳述自己的苦衷

「是嗎？我太高興了！可是我今天要加班呀，明天怎麼樣？」甚至可以這樣說：「我是很想去，可是看相的先生說我今天晚上不好出門，如果不介意的話，改天我請你怎麼樣？」這樣的拒絕，他只會感到無可奈何而無法生氣。

如果是對妳有意的異性朋友，他往往要以對妳的身體健康狀況的關心來表示他的愛意。那麼，妳不妨以自己身體欠佳來推辭：「真不湊巧，我有點不舒服，能不能改天？」

要找的藉口是很多的，比方說要上課，或者說有自己想看的電視，或者家人有事要幫助等等，要把主動權掌握在自己手裡，而且在撒謊的時候，要注意前後口徑一致。

（二）說話態度要堅決

拒絕別人的求愛難免會給別人帶來傷害，但不能因此而猶豫不決。既然是愛上妳的人，對妳的言行都非常敏感。如果妳拒絕的態度不夠堅決，很容易造成對方的誤會，最後往往會造成比拒絕更大的傷害。

（三）盡力維護對方的自尊

為了減少拒絕給對方的心理帶來的傷害，也使對方更易於接受，就必須設法維護對方的心理平衡，盡量減少對方的內心挫折。具體來說，就是妳不妨先對對方的人品和才華等加以讚許，然後說明妳為什麼不能接受求愛的理由，說出的理由要合乎情理，最好從對方的角度提出有利的方面，讓對方覺得拒絕也是為了他（她）好。如果必須向旁人做出解釋，妳不妨把原因歸於自己，避免給人造成一個妳拒絕了他的印象。

（四）選擇恰當的方式

應該考慮到妳們平素的關係和對方的個性特點，選擇恰當的拒絕方式或冷處理、或面談、或書信等，但建議妳不要採用托人轉告的方式，因為這顯得妳對對方不夠尊重，還可能帶來不必要的麻煩。

（五）選擇合適的時機

一般來說，不要在對方剛表白了愛情時立即加以拒絕，因為此時對方很難接受，但也不要拖延太久，以免給對方帶來不必要的誤會。當然，具體選擇什麼時機，要視具體情況而定。

LESSON

21

戀愛進行時

欲獲得情和愛，非得談與說不可。它能使妳在情竇的初萌中，把妳豐富的思想、微妙的心聲用妥貼的話語表達出來，去接通對方的脈搏，迸發出初戀的火花。

談情說愛這四個字分明告訴妳，欲獲得情和愛，非得談與說不可。它能使妳在情竇的初萌中，把妳豐富的思想、微妙的心聲用妥貼的話語表達出來，去接通對方的脈搏，迸發出初戀的火花，使愛情的烈火從此熊熊燃燒起來……

點燃愛情

由於人們的個性不同、職業各異、文化修養有別，因此和戀人的第一次交談也沒有固定的模式，表達方式、言談的內容都不盡相同。這裡根據三種不同情形的戀人，分別試析一下：

（一）與搭橋式的戀人交談

一般來說，經人介紹、搭橋發生戀愛關係的戀愛對象，無論男女雙方大多是些忠厚老實、性格較內向的人。當妳赴約相見的時候，應該落落大方、主動啟齒，或先談些閒話，進而轉入正題；或開門見山地介紹一下，諸如年齡、文化、工作、脾氣、愛好和家庭狀況以至對未來的嚮往等等；也可以談些妳和對方熟悉的或共同感興趣的事。對於感情方面的表白，可委婉曲折些，留有一些迴旋餘地。但值得一提的是交談時要注意對方的理解能力、接受能力，不然就難以使對方明白妳要講的意思，甚至引出不必要的歧義。

如果妳一見面就很喜歡對方，那麼妳可直言不諱地說：「我覺得今天與妳認識心裡很愉快……你呢？」如果妳認為對方有待進一步認識和考慮，那妳便可以說：「我希望我們的談話以後能繼續下去……你有這個意思嗎？」如果妳對對方感到不滿意，可以委婉地表示：「讓我們都慎重地考慮考慮吧……」或者說：「我將徵求我父母的意見……」以此做推諉，努力避免不滿情緒的流露，保持交往的禮儀，互相尊重。

（二）與友誼發展式的戀人交談

既然戀人是由友誼發展而來的，那麼就比較難明確表示，從此不再作為朋友而是戀人來做第一次的交談。在妳和男朋友經歷了漫長的友誼過程後，隨著年齡、感情的增長，友誼出現了進展，產生了愛戀。我們把自己向他所愛的人表白愛情的言談，作為與戀人的第二次交談。

（三）與一見鍾情式的戀人交談

偉大的俄國詩人普希金的代表作——詩體長篇小說《葉甫蓋尼．奧涅金》中，女主角達吉雅娜是個樸素熱情、富於幻想和熱愛自然的姑娘，她見到男主角奧涅金後就立即愛上了他，並大膽地寫信向他表白。詩中寫道：

這是上天的意思，我是你的；
我和你必定相會；
我知道，你是上帝派到我這裡來的，
你是我的終身的保護者……你在我的夢裡出現過，
雖然看不見，你已經是我的愛人，
你奇異的目光使我苦惱，
你的聲音在我的心靈裡，
早已迴響著了……不，這不是夢！
你一進來，我立即就知道了，
完全昏亂了，羞紅了，
我就在心裡說：就是他！

達吉雅娜見到奧涅金，真可謂是一見鍾情。但我們這裡所講的一見鍾情的愛戀，是指由愛戀的雙方的直覺感官產生的，是由對方的形象、印象產生決定作用的，如外貌、風度和言談等等，使男女雙方的鍾情往往產生於一見之際。

第一次拜見男友的父母

一般來說，良好的第一印象主要來源於表達。在熱戀中，掌握拜訪對方父母的說話技巧，可以給對方父母留下好的印象，為妳愛情的成功奠定基石。

許多人尤其是現在的年輕人，都覺得戀愛結婚是兩個人的事，與其他人沒有什麼關係。實則不然，別人的意見妳可以置之不理，但父母這一關妳是永遠也無法迴避的。孩子無論長多大，甚至已經為人父母，在他父母眼裡永遠都是孩子。

戀愛、結婚是人生中的一件大事，這意味著孩子將組建起自己的家庭，獨立生活了，做父母的自然對這些十分關注。他們心中對未來的兒媳都有自己的標準，但總結起來無非就是一點，妳要讓對方的父母感到把他們的兒子交給妳是放心的。如果過不了對方父母這一關，不能讓對方父母感到放心的話，那日後的麻煩就多了。生活中婆媳不和，丈夫在母親與妻子間受氣的事屢見不鮮，所以這件事非常值得妳重視。掌握拜見對方父母時的語言技巧，博得對方父母的喜愛，可以為將來的婚姻創造和諧的家庭氛圍。

拜見男方父母時的語言技巧

在一般人的意識裡，婆媳關係是件很讓人傷腦筋的事情，生活中我們聽到的婆媳關係緊張的事情遠比婆媳和睦、關係融洽的多得多。那麼準兒媳如何在初次拜見準公婆時留下好印象呢？

（一）注意自己的形象

妳一定要以落落大方的形象出現在準公婆的面前，千萬不要濃妝豔抹。一般來說，長輩的思想都較為保守，過於時髦的打扮，他們接受起來很困難，因此穿著一定要大方、得體。

（二）要懂禮貌

一般而言，首次拜見對方的父母都是事先約好的，也是較為正式的。所以準公婆心裡預先一定是有所準備的，他們會把自己心中的標準在未來的兒媳身上逐一比較，來給對方打分數，是否懂禮貌是打分的第一個標準。

雙方見面以後，自然是由男方將妳介紹給他的父母，這時一定要選擇合適的稱謂。如果男方父母的年齡比自己父母的年齡大，稱為伯父、伯母，反之稱為叔叔、嬸嬸（這一點在會面前就應該有所準備）。女方到男方家做客，自然是客人，作為主人的男方父母招待妳是很正常的事情，此時要多使用禮貌用語。比如，準婆婆給妳倒水時妳要說：「謝謝伯母。」在談話的過程中要使用尊稱您，這樣會讓她感到妳尊敬老人，懂禮貌。

（三）說話語調要柔和

在現實生活中，沒有哪個父母希望自己的兒子找一個厲害的媳婦。一則怕兒子在婚後的生活中受欺負，成了妻管嚴；二則怕媳婦太厲害以後難以相處。因此準兒媳在第一次見準公婆時一定要表現得謙遜有禮，過高的音調和過分的語言，都會讓準公婆感到很不舒服，因而千萬不能給準公婆留下這樣的印象。

（四）巧妙誇讚準公婆

人都是喜歡聽別人誇獎的，如何誇獎未來的公婆呢？這需要男方的配合，男方一定要將自己父母一生中引以為驕傲的事情告訴女方，也好讓女方有的放矢，讓準公婆開心。

戀愛禁忌語

當妳與男朋友的感情與日俱增，妳們之間的言談也變得隨便起來，不再像當初一樣小心翼翼，但這並不代表妳就可以在言談中肆無忌憚了。戀人即使到了如膠似漆的時候，在說話過程中依然有一些禁忌。

（一）過分的玩笑話

女孩在戀愛中總愛時不時地開個玩笑來考驗一下對方，看看對方到底愛我有多深對我有多真。如果考驗一兩回倒也無礙，但次數多了，甚至以假裝分手來考驗對方，這玩笑就有點過分了，不僅會影響對方的情緒，還有可能造成惡果。

四月一日是愚人節，自強約女友妙如去看電影。妙如為了考驗男友對自己愛的程度，便向自強撒謊說想和他分手，讓他死了這條心。愚人節這天所說的話半真半假，所以自強在雨中等了妙如兩個小時，但一直未看到妙如的身影。自強徹底失望了，打電話對妙如說同意分手。妙如淚流滿面地告訴自強只不過想跟他開個玩笑，根本沒有跟他分手的意思。可是自強覺得與妙如在一起太累了，不想再繼續相處，妙如追悔莫及。

女孩在戀愛中，最好不要隨隨便便說分手，就如同夫妻之間鬧了彆扭不能隨便說離婚一樣。即使是開玩笑也不能開這種玩笑，這會給對方的心靈帶來極大的傷害。

（二）對方的敏感話題

每個人的心中都或多或少地存在著自己的敏感地帶。對這些敏感地帶，即使是以開玩笑的方式也不能去觸及，因為現實表明，在這些問題上戀中無戲言，尤其是正在戀愛著的對方。

星期天，靜宜到男友仲亮的家中去玩。仲亮正在床上聽ＭＰ３，很入迷的樣子。那個ＭＰ３是仲亮以前的女友給他買的聖誕禮物，雖然兩人已經分手了，但仲亮仍把她當做較好的朋友。靜宜明知道這些，但她仍然以開玩笑的口吻說：「聽什麼呢，那麼入迷，是不是又在想那個夢中的她了？」仲亮一聽，生氣地說：「我現在就想她呢，關妳什麼事？不信我現在就給她打電話。」靜宜忙上前解釋，好說歹說總算把仲亮給說高興了，但仲亮心中的陰影卻難以一下子抹去。

一般來說，這些敏感話題都帶有一些隱私的性質，雖然是自己的男朋友，但並不等於對方就是自己的私有財產，相反的，戀愛中的女孩子應該給自己的男朋友留一片心理的空間。

（三）有傷自尊的話

兩人在戀愛中，隨著關係的逐步加深，言語也會變得隨便起來。但不論怎麼隨便，都要把握好一個度，即言談不得傷害對方的自尊。否則即使對方明知妳是在開玩笑，心裡也會感到不舒服。

（四）反覆追問的話

很多女孩子在戀愛中，出於某種疑惑或擔心，不斷地向對方詢問一些問題。即使對方給了明確的回答，還要再反覆追問，這樣很容易使對方產生反感。

莎莎與孟浩戀愛了。一次，莎莎看到孟浩與一女士在餐廳吃飯，擔心孟浩變心了。約會時，莎莎問孟浩；上次與你一起在餐廳吃飯的那個人是誰？孟浩說：「別多心了，她是我公司的一個同事，我和她只是同事關係。」之後，莎莎就這一問題又兩次拐彎抹角地問孟浩。第一次問，孟浩還是耐心地做了說明，待莎莎再次追問時，孟浩生氣地說：「不是給妳再三說明白了嗎，妳怎麼三番兩次地審問？妳要是不相信，我們就別談了。」說完起身就走。

愛，需要的是理解與信任，失去了理解與信任，愛就會變得蒼白無力，就成了單純的占有。愛他，就要相信他。

（五）操之過急的話

戀愛時交談的內容，應隨著雙方關係的發展循序漸進，不能操之過急。

戀愛不久，曉冉就問男友銘裕：「我們什麼時候結婚呢？」剛開始的時候銘裕只是笑著回答：「妳說呢？」可是曉冉一再問起這個問題，每次都使銘裕不知所措，曉冉看到銘裕吞吞吐吐的樣子很生氣。而銘裕的想法是兩個人剛認識不久，相互還不很瞭解，談結婚這個問題有點操之過急，何況婚姻又是終身大事，怎麼可以輕易承諾？所以他找藉口和曉冉分手了。

戀愛時，不要總是說一些超越現階段實際情況的話。豈不知欲速則不達，愛情之花需要細心照料、耐心呵護，切不可操之過急，只要妳有耐心，自會有水到渠成的那一天。

（六）品評對方父母的話

女孩在戀愛過程中，往往會被男友帶到他的家裡，這樣，女孩子應該注意一個問題，那就是如何評價男朋友的父母。父母在孩子心中的位置是無人可以取代的，作為孩子，誰都不喜歡聽到別人當面品評自己的父母，哪怕是戀人也不例外。

星期天，楊力帶女友小趙到自己家中吃飯。楊力的父親耳朵有病，說話聲音較大。回去的路上小趙對楊力說：「你爸說話怎麼這麼大聲，像是審犯人似的。」楊力一聽生氣地說：「妳又不是和我爸爸談戀愛，我爸的聲音大關妳什麼事？」小趙一下弄了個大紅臉，一時不知說什麼好。

（七）破壞愉快氣氛的話

不要再三提到別人的缺點，因為那是對愉快氣氛的最大破壞，往往會造成大家的僵持和冷場。也不要動不動就責備他人，哪怕是責備餐廳的侍應也是不好的，在妳的男朋友聽來，會覺得妳是在責備和抱怨他。

如果他本來心情開朗，結果聽到妳說了難聽的話，剎時悶悶不樂，那就太遺憾了。這樣的時候如何彌補？趕快隨機應變，將話題岔開來，讚美對方的優點，轉移他不悅的心情。

此外，說話還要看環境，不同的環境下說出來的話效果是不一樣的。如果妳忽略了這點，就有可能因為一句無心的話，而傷到了別人的自尊。說話的口氣，也要視當時的情況而定。

巧用電話來談情

在生活節奏逐步加快的現代社會中，電話已成為一種方便快捷的交流方式，也是那些工作繁忙難以朝朝暮暮的戀人們首選的談情說愛的工具。那麼戀人們如何在不影響別人的前提下，充分發揮這個工具的效用呢？

（一）注意打電話的時間

打電話要選擇時間。不是任何時候都適合打電話，尤其在對方的上班時間內最好不要打，一定不能影響對方的工作。

（二）打電話要控制頻率

青年朋友熱戀時有一種偏頗的認識——與他主動電話交往的頻率愈高，則證明自己愛火越旺、愛情更濃，於是電話不斷，一日之內便能掛他十幾次電話。殊不知，這樣恰恰適得其反，本來濃濃的一杯愛情美酒，會無意間被妳攪得清淡寡味，甚而難以品嘗。距離產生美，應該控制妳的電話頻率。

（三）通電話時間不能過長

熱戀之中激情多於理智，往往拿起電話要說的早已說完，或激動起來顛三倒四，同一內容說了一遍，再說二遍、三遍，總想拖延時間。這種做法雖然可以理解，但畢竟不怎麼聰慧。打電話時間太長往往會使人覺得乏味，而短短幾句電話愛語可能會使妳的聲音在戀人那裡產生餘音繞樑、三日不絕的效果。

（四）請人傳話時注意禮貌

(1)請求傳話切忌勉強、命令，應該先禮而後求。禮貌是每個人起碼的道德修養。特別在請求他人幫忙的時候，說得禮貌得體，別人才會心甘情願為妳幫忙。因此熱戀時打電話請求傳呼時態度務必要謙和、懇切。

(2)請求傳話切忌言語含糊、囉唆。熱戀電話撥通後，請求傳話除了要禮，還要求簡、清、明。因為妳打電話最終是要心愛者來接，傳話人不需要妳轉彎抹角、環山繞水，妳儘管委婉地開門見山請求傳話，這一方面可給傳話人節省時間，一方面能讓傳話人聽話明瞭、清晰。那種含糊不清、囉唆繁冗的請求話語會讓人皺眉心煩，弄不好就有可能達不到目的。

（五）注意打電話的場合

(1)場合不同，電話時間不同。比如電話有多人等著使用，熱戀電話也該緩一緩；公司有主管上班，熱戀電話宜另尋時機；電話旁有眾人在場，熱戀電話應長話短說等等。

(2)場合不同，電話內容不同。比如熱戀電話雙方無旁聽者，甜言蜜語、悄悄話、知心話任妳自由；旁有他人，話語不可親暱過度；電話一方情緒欠佳，說話切忌洋洋灑灑；休息日，電話可以細柔；上班時，電話不可輕佻；家庭電話，不應忽視家人；節日電話，當有節日內容；迎接、送別的電話，切莫淡泊情分等。

LESSON

22 給愛情加點糖

男人都喜歡女人適時地撒點嬌，撒嬌是女人的一種心理需求。這個世界上，沒有不會撒嬌的女人，只有不識貨的男人。

做一個會撒嬌的女人

心理學家認為，女人一旦墜入愛河，就會變得孩子氣，喜歡嗲聲嗲氣地說話，喜歡吮吸（接吻），喜歡撒嬌（或撒野）。換言之，愛容易使女人變得不理性，這可以追溯到嬰兒時期的種種低等需求。

還有一種撒嬌，我們稱之為女人的戰略性撒嬌，就是用怕黑、怕冷等傳統弱性訴求為方式，來獲得丈夫甜言蜜語的安慰、鼓勵或者肢體安撫，或者用以掏空丈夫腰包、左右他的決定。古代很多昏君為了博美人一笑，不惜發動戰爭或者放火殺人。枕邊風的威力是不可忽視的，所以聰明的女人為了達到自己的目的，與其和男人歇斯底里地爭吵，還不如對他溫柔地撒個嬌，往往會達到意想不到的效果。

給愛加些甜言蜜語

相戀中的男女相處的時候，甜言蜜語是必不可少的，尤其是愛侶已到談婚論嫁的階段，雙方的嘴巴都像是抹了蜜糖，甜言蜜語往往成了雙方談話的主要用語。

巧妙地使用甜言蜜語。無論男人、女人最重要的是能找對時候，只有在對方需要甜言蜜語、柔情撫慰的時候運用這個法寶，才能大獲全勝。

（一）分處兩地的戀人間的甜言蜜語

老天有時候似乎總是給相戀的人一些考驗，以此來驗證一下他們的感情是否牢固，將一對熱戀中的情侶分隔兩地就是它常用的一種方法。一對熱戀中的情侶，本來就是一日不見，如隔三秋，現在偏要將他們分開（如工作調動、出差、求學等等）。分開確實是件痛苦的事情，這時候雙方都需要來自對方的關懷和撫慰。甜言蜜語的電話自然是不能少的了。請看下面的一段對話：

女：「你做什麼呢？」

男：「給妳打電話啊！」

女：「我知道！想不想我？」

男：「當然想了，每天都想！」

女：「騙人的！」

男：「沒有啊，我真的很想妳！」

女：「我也想你！」

男：「不要緊，我馬上就要回去了，不要太想我了，注意身體！」

女：「你也是！」

從這段分隔兩地的情侶的電話中，雙方都在以甜言蜜語安撫對方。身處兩地，思念之情溢於言表，這是人之常情，也是情感的真實流露，絲毫不會給人以做作、肉麻之感，相反還很令人感動，這時候的甜言蜜語已經成了雙方的肺腑之言。經過了這樣的分別，雙方的感情會加深許多。

（二）久別重逢的戀人間的甜言蜜語

俗話說，小別勝新婚。熱戀中的情侶還沒有走入婚姻的殿堂，這時候的感情往往十分的單純、火熱，經歷了小小的分別，再度重逢，所有的關懷和問候，都化成了甜言蜜語。這時候怎樣坦白的表述也不為過。妳可以說：「你真的回來了，我不是在做夢吧，如果是做夢，我寧願永遠也不醒過來。」妳也可以擁著妳的愛人對他說：「跟你在一起的感覺真好，我們再也不分開了。」這種久別重逢的感覺，在此時使用任何甜言蜜語都不用怕羞，絕不會使人感到厭煩，也許還會認為不夠呢！

（三）大庭廣眾之下的甜言蜜語

一提起甜言蜜語，很多人都會將它和隱私相聯繫，總是以為只有兩人獨處耳鬢廝磨時才會有甜言蜜語。其實不然，甜言蜜語不僅僅包括我愛妳我想妳之類的柔情話語，同時也包括那些只有兩個人才懂得的私人用語。比如情侶之間的甜蜜稱呼，就屬於這類私人用語。其中的意味只有妳們兩個知道，外人無從知曉，即使在大庭廣眾之下說出來也無傷大雅，還會增進感情。

鬥嘴──增進情感的巧克力

鬥嘴被稱為是增進情感的巧克力。鬥嘴不同於吵嘴，戀人間鬥嘴一般並非要解決什麼實質性問題、做出什麼重要決定，而僅僅是借助語言外力的碰撞來激發心靈的碰撞，從而達到兩顆心的相知與相通。因而戀人們常常為一句無關緊要的話、一件微不足道的事鬥得不可開交，局外人很難領會到其中的奧妙與樂趣。戀人間的鬥嘴從形式上看和吵嘴很相似，妳有來言我有去語，妳奚落我我挖苦妳，毫不相讓。

但與吵嘴根本不同的是鬥嘴時雙方都是以輕鬆、歡快的態度，說出那些尖刻的言詞，有了這層感情的保護膜，鬥嘴就成了一種只有刺激性、愉悅性，卻無危險性的軟摩擦，成了表現親密與嬌嗔的最好方式。

所以沐浴愛河的許多青年男女都喜歡進行這種語言遊戲，在這種輕鬆浪漫的遊戲中，加深彼此的瞭解，增進相互的感情，同時也調劑了愛情生活，使戀愛季節更加多姿多彩。

雖然鬥嘴是一種有趣的語言遊戲，但它和別的遊戲一樣，有它一定的規則，需要戀人們特別注意：

（一）要把握好感情的深淺

談話有一個總的原則：「淺交不可深言。這話同樣適用於戀愛中。如果雙方還處在相互試探、感情朦朧的階段，要想以鬥嘴來加深瞭解，可以選擇一些不涉及雙方感情或個人色彩的話題，如爭一爭是住在大城市好還是隱居山林好，鬥一鬥是左撇子聰明還是右撇子聰明等等，這樣雙方可以不受拘束，安全係數也大。

（二）不要刺傷對方的自尊

戀人間鬥嘴最愛用諧謔的話語來揶揄對方，往往免不了誇張與醜化。但是這種誇張與醜化也要照顧到對方的自尊，最好不要涉及對方很在乎的生理缺陷或他很敬重的父母，也不要挖苦對方認為神聖的人和事，否則就有可能自討沒趣，弄得不歡而散。

(三)留心對方的心境

鬥嘴因為是唇槍舌劍的交鋒，就需要有一個寬鬆的環境、充分的心靈，才能享受它的快樂，因此鬥嘴時要特別注意戀人當時的心境。大家都有這樣的體驗，心情愉快時可以隨便耍嘴皮、開玩笑。如果妳的戀人正在為結婚缺錢而愁眉不展時，妳卻來一句：「你怎麼啦？誰欠你錢？」妳準會受到抱怨：「我心煩得要死，妳還有心逗樂，太沒同情心。」這樣鬥嘴的味道就會變得苦澀了。

妙用拒絕的藝術

戀愛中，戀人的意見並不都能言聽計從地接受，戀人的要求也並不能都滿足，如何使用否定和拒絕的藝術呢？

(一)寓否定於肯定

妳的男友希望妳給他買件像樣的衣服，於是暗示妳：「我們公司小王的女朋友給他買了件很棒的皮衣。」但妳覺得本季他的衣服已經夠多了，如果妳說不，男友會覺得妳很小氣，怎麼拒絕呢？妳可以這麼說：「我挺讚賞蘇格拉底的一句話：最純正的飾物是美德，不是服裝。」話的表面並未拒絕，但對方絕不會認為妳是同意了，問題在不了了之中解決，誰也不會感到難為情。

像這種戀人的要求，妳不贊同也不接受，可是妳的拒絕中就不能有否定詞，但對方如果能辨出弦外之音，彼此都不會覺得難堪。

（二）寓否定於感歎

妳過生日他送妳一套衣服，妳不喜歡，因為顏色豔了些。男友問：「喜歡嗎？」妳如果直截了當地回答：「不喜歡，花裡花氣的。」精心挑選過的他此時一定會覺得很傷心。如果妳是回答：「要是素雅些就更好了，我比較喜歡淺色的。」這話的意思是你買的衣服很好，不過如果素雅些就更好了。在表面肯定的背後是一句否定的意思，只不過說得委婉些罷了。

（三）寓否定於商量口氣

男友希望妳陪他參加朋友的一次聚會，可是妳覺得目前不方便。於是妳用商量的口吻說：「現在實在沒時間，以後行嗎？」顯然男友此時的邀請，有他特定的意義，如果以後還有什麼意思呢？可是妳找到這樣的藉口，他也實在不好勉強。

（四）寓否定於玩笑

透過開玩笑的方式來否定，既可以達到目的又不至於使雙方尷尬，是一種很好的否定技巧。譬如男朋友邀請妳上門，妳覺得時機尚未成熟，不可盲目造訪，這時妳可以問：「有什麼好吃的嗎？」妳的男友會列出幾樣東西來，於是妳可接著說：「沒好吃的，我不去。」這是巧妙的玩笑，不僅拒絕了對方的請求，還可避免回答為什麼不去的問題，真可謂一箭雙雕。

善用愛情裡的花言巧語

愛情是美好而甜蜜的，但愛情並不是一帆風順的。在雙方交往的過程中，由於雙方的性格不同和對一些事物理解上的偏差，往往會造成許多的摩擦。產生摩擦並不可怕，這也是很正常的事情，舌頭哪有不碰牙的呢？這個時候如果妳能想出一些花言巧語，定能讓妳的戀人的臉上多雲轉晴。

有一對戀人約會，女方遲到了，男方老大不高興。女孩見此情景笑了笑，然後不急不忙地走到男方身旁，對他說：「我今天有一個重大發現。」男友不做聲，投來疑惑的眼光。女孩趕忙上前一步在男友身旁小聲說：「我告訴你一件事，你要保守祕密。我今天發現——你是多麼愛我。」女孩的一句花言巧語，不但使自己免於被男友追問遲到的原因，還使得戀人臉上烏雲全消，漾起了幸福的微笑。

戀愛是婚姻的前奏曲，當妳的戀人臉上出現烏雲時，妳要花言巧語，讓他多雲變晴，婚姻殿堂的大門也就離妳不遠了。

LESSON

23

解語男人的心

再剛強的男人，也會渴望獲得女人或者某個女人的理解。即使一個男人向女人撒謊，如果聰明的妳能夠聽出他的弦外之音，他還是會覺得高興的。

解語男人

男人之間往往存在著不信任，他們都視對方為潛在的威脅，因而對同性的讚美之詞往往持有戒心，保持一定的理性分析和批判。而與女人在一起，他們則更願意解除戒備，想當然地接受對方的讚譽。因為女人很少能夠與之競爭，不會對他的發展構成某種威脅。

女性在讚美男性時所流露出的那種目光、那種聲音及種種嬌媚的表現，無疑會增加女人的魅力，使女人更顯可愛、更加迷人。這會使男人產生極大的心理愉悅感，從而樂於接受對方的讚美，甚至希望這種讚美能夠不斷地持續下去。

我的同學春玲，是一位相貌平常卻十分受人歡迎的女孩子，和她有過接觸的男士都為她的風姿所傾倒。據說，她總能看到男士的優點，不吝讚賞。而且最讓對方動心的是每當她讚美一位男士時，她總是眼神柔柔地看著對方。她的讚美是任何一個男士都無法拒絕的，因而她請求幫助的要求總是得到滿足，男士們都很喜歡她。

女性對讚美對象的觀察非常細膩，這是男性所無法企及的。女性憑其天然的敏銳感知能力，常會細心地發現許多男性本人都未發現的優點。因為女性與男性看問題的角度不同，一些在男性看來習以為常、十分基本的技能，在女性看來就可能是十分了不起的本事。前面我們曾講過，讚美的一個基本原則就是存同求異，在此看來，異性的讚美恐怕就是最大的異了。

當男人處於人生的逆境時，他們不願意向同性朋友訴說，求得安慰。相反，女人的讚美和鼓勵，卻往往能激發起他的勇氣和信心，從而開始新的奮鬥。

間接地讚美

間接地讚美符合女性含蓄、羞澀和感性化的人格特點。女性是羞於鮮明、直接地表達對一個男人的看法的（指在公共場合），特別是在讚美會更多地暴露自己的內心世界時，她就會更傾向於採用某種方式來隱蔽和保護自己。

她們的感性思維常會使讚美之詞顯得寓意頗多，美妙無比，這對慣於理性思維的男人來說，不僅新鮮而且更具有美感。可以說，間接地讚美正好能夠發揮女性的天然優勢，會給異性帶來很愉悅的心理感受，實在是一種揚長避短的制勝之道。

當妳面對一位男士時，不妨說：「我聽說你又受老闆表揚了，常聽說你的風度非凡，今天看來果然是名不虛傳，怪不得人人都誇你聰明呢，現在我算是相信了，我在一份雜誌上讀到過你的故事，你的精神真是讓人佩服。」

這樣，借他人之口的方式，既可以達到讚美對方的目的，還可以維護妳基本的心理安全需要，並且還可以完全不對妳的話負責。而對方則不但要感激妳的讚美，他還要對妳的讚美負責。作為男人總是十分重視自己在女人面前的形象，他不願意在女人面前丟醜，所以他必須在舉止上來體現妳讚美的內容。這樣妳便可利用對方的這一心理，來提出妳的請求。不管對方是否答應，但他肯定會慎重對待的。

可見女性的讚美不僅可以使一位男士愉悅，還能催他上進，幫他進步。只要妳善於發現他身上優秀的一面，那麼妳的讚美就會像陽光一樣照亮他的心靈。

適度地讚美

如果在約會的時候，他精心地打扮過了，妳一定要稱讚幾句。如果沒有這方面的說辭，妳還可以從他的血型方面來對他的個性做些解析和表揚。要褒揚優點，隱匿缺點。比如說他的星座是保守而固執的，妳不妨說他思想縝密、待人親切等等。要博得異性的歡心，適度而不過分地稱讚是很重要的。

其次，要避免在他面前讚美別的男性，哪怕妳讚美的是他的好朋友或者是妳家裡的人，都會讓他心裡感覺有點不是滋味。想起來好像很好笑，但實際上妳任何時候都要顧及別人的心理感受，就好像他在妳的面前誇讚他的母親和姐妹一樣，妳也會認為他的誇讚是覺得妳不如她們。因此當妳談論自己家裡的男人們並引以為自豪的時候，或許他在表面上保持風度，微笑應付，其實內心早已反感了。

無論男女對其他的同性都會有排斥感，這是很自然的，如果聰明的妳連這一點也想不到就會出錯，甚至有可能與妳喜歡的異性失之交臂。

展現出自己

真實、自然、直爽、毫不修飾……對於現代女性來說是美的，但得加上一點，準確使用語言。與人交談，總不能只顧自己侃侃而談吧？總不能一味地直爽而損害了對方感情，搞僵了人際關係。

現代女性應當根據場合，擺出不同的姿態，選擇恰當的辭彙，含蓄地表達心中的想法。無論誰，只要暗中運用技巧，運用適當的交際形式，就能避免交際中的失誤。反之，如果忽視了這些，就難以得到滿意的效果和生動的趣味。本文以諸多的生活實例和小故事，說明現代女性說話藝術的迷人世界。

(一)推薦自己

總是自我炫耀的人未必使人歡迎。但對女性來說，適當地自誇卻是表現魅力的有力武器，如果妳對烹調很在行，妳可以這樣對他說：「我對自己的烹調手藝很自信，做出來的菜不僅味美可口，而且營養價值高，我想我一定是個好妻子。」這種不加掩飾的話，對方一聽便明白了，就好比勸誘對方參加保險似的。所以巧妙地推薦自己的祕訣是——不說我可聰明了而說我可不笨，不說我很漂亮而說站在妳面前的人可愛嗎？

（二）可貴的孩子氣

和他約會一回來後就馬上給他掛個電話：「啊，是妳啊，有什麼事嗎？」「沒什麼，只是想再聽聽你的聲音。」這種孩子氣，能使一個男子一下子著迷。「喂，不要那麼突然大聲叫我的名字。」爾後，稍稍隔一會兒，用小得幾乎聽不見的聲音對他說：「我是想讓大家知道你愛我。」這種孩子氣的話很容易捕獲他的心。

（三）容忍謊言

妳坐在咖啡店的桌前，支著胳膊肘已足足等他二十分鐘了。妳懷著激動的心情，按時來約會。現在漸漸等得不耐煩起來，杯中所剩的幾口咖啡也已涼了。正當妳下定決心拎起包包走人時，看見他邁著大步推門進來。看到妳生氣的模樣，他隨口解釋道：「真對不起，來晚了，剛下班經理就找我去。」但妳前天還聽他說過，經理到歐洲旅遊去了。此時妳一定很想這麼說：「撒謊，妳的經理不是去歐洲旅行了嗎？被揭穿了是不是，究竟為什麼遲到？」不如妳裝作不知道，說：「噢，是嗎？你真忙。不過真幸運二十分鐘就辦完事了。我不會生氣的。」

用這種說法試試看。謊言沒有敗露，於是他放下心來，同時因為欺騙了妳，他會感到很內疚，所以下次絕不會再遲到了，而且他會覺得妳很信任他，是一個純真可愛的姑娘。

（四）接受讚美

被人讚譽和奉承時，如果忸忸怩怩，就會讓人覺得妳沒有自信。相反，如果全盤吸收，毫無顧忌地手舞足蹈，又會被人認為妳不夠謙虛。將全盤吸收轉變為相互讚揚是明智的，當妳受到諸如妳真年輕、妳多有魅力之類的讚譽時，應該道一聲謝謝。

「噢，那不是什麼奉承。」

「是嗎？那我將非常高興。」

在這種情況下談話就會變得流暢起來，這就是所謂的社交語言，也可以說是問候語的一種。

（五）羞澀的魅力

「現今很多女性態度傲慢，對什麼都不在乎。」

「是啊，沒有一點女性的溫柔。」

經常會聽到男性們這樣訴說他們的不滿和感歎。對此，有些女性卻不以為然：「我們又不是男人的玩具，男女平等嘛，何必故意獻什麼『女人式』的殷勤。」但女性的魅力比起男性的敏銳或是孩子的可愛更勝一籌。專家指出，如果能在談話中顯出妳的羞澀，就會使妳的魅力四處橫溢。

「啊呀，真難為情。」

「別難為我了，我呀，走到哪兒都怕生。」

不妨這麼說試試看，對方一定會暗想：「她多可愛，真像我想像中的女子。」他會像躺在大地母親懷抱中那樣感到安然、感到滿足，同時希望妳更加柔情。

（六）奉上溫情

他約會遲到了四十分鐘，粗暴地推開咖啡店的門衝了進來。平日青春煥發的模樣完全變了，黑沉沉的臉上冒著汗，一副疲勞而焦躁的模樣。此時，妳應該心情愉快，帶著溫和的微笑迎接他。

「來晚了，對不起。」

「沒關係。這裡的音樂相當好聽，我一點也不寂寞。想要點什麼嗎？」

「咖啡。」下班時和部長吵了一架。「喲，真夠厲害的。」「本來根本不是那麼回事，可他盡說混賬話，簡直像頭蠢豬。」

「哦，喝咖啡吧。」

妳一邊這麼說，一邊要靜靜地定下心來準備聽他的牢騷。但切記妳別去點燃導火線，否則他會以為妳在火上澆油。順著他的語氣附和，但必須引導他從興奮的狀態中冷靜下來，以後就逐漸少應和他，使他感到沒有理由那麼激動。接著，妳可以這樣對他說：「今天的事，部長說得過重了，你也別在意，其實沒什麼，正因為你能做，他才對你更嚴格，要不是自己信賴的部下，誰會說那種話？你說是嗎？」

「嗯，倒也是。」

「好了，今天我請客。別顯出那副掃興的樣子，好不容易約會來的，喝點葡萄酒怎麼樣？」

「好的，今天我們要高興點。」

無論男女，痛苦悲傷的時候都需要甜蜜的柔情。僅僅因為妳能聽他訴說煩惱，他就會在心中把妳放在特殊的位置上，男人開始發牢騷的時候，妳就不要再撒嬌或任性，而應該奉上妳的柔情和溫存。

（七）使用男性語言

女人男性化雖然現在仍然受到一些人的責難，但是社會依然向著男女融合的趨勢發展。將現代女性特點作為長處的女人，為了表現俐落，熟練掌握男性用語，口齒伶俐，令人欽佩。

「妳會喝酒嗎？」

「會。」

「喝得凶不凶？」

「當然，我家祖上就是因為喝酒而破產的。」

使用男性語言的女性其魅力是什麼？給對方留下一個灑脫、直率的印象，而且有力的節奏還能表示出腦子靈活。

抓住男人的心

要抓住男人的心，首先要摸透男人的心。「女人是水做的，男人是泥做的」是賈寶玉的一句名言，流傳至今。這也從某個側面說明了男人的世界和女人的世界不同，所以我們在與異性交往時要小心選擇話題，避免使對方難堪。

比如說，女人往往不瞭解男人為什麼如此注重頭銜，雖然她們之間常相互誇耀我先生是某某公司的經理。曾經發生一起命案，肇事原因是妻子諷刺了丈夫一句話：「你做了一輩子公務員，現在還不是個小科長？」使得丈夫在盛怒之中失手掐死了自己的妻子。

事實上，男人視事業的成功與否為生命的第一要素，頭銜往往就是事業的象徵。如果別人拿自己的頭銜開玩笑，就等於否定自我存在的價值。這起命案的發生，就在於夫妻間的相互不瞭解，及女人與男人心理的隔閡而造成的。

在摸透了男人的心之後，以下方法可以幫助女性朋友抓住男人的心：

（一）把握機會

碰到妳喜歡熟識的男孩，應該巧妙追求，切莫錯過良機。在路上遇見，妳可以主動與他搭話，儘管交談的內容十分簡單，但有了第一次，說不定妳就邁出了戀愛的第一步。比如：「我覺得妳好面熟啊，以前好像見過？請幫個忙好嗎？」話題本身是引子，真正的目的是進一步與他結識。

（二）不吝嗇表現關懷

只有男人才能主動打電話問候妳，說工作累不累、要多注意身體這一類的話嗎？換成女人主動撥這通電話會讓妳顯得不矜持嗎？當然不是這樣的，每個人都喜歡受到稱讚，正如同妳愛看男友稱讚妳，將最新「血拚」後的戰利品穿在身上時讚賞的眼光一樣，男人可也是喜歡女人灌他迷魂湯的。說他很有禮貌時，即使他原本不是，都會因此變得禮貌起來。對他說：「看過你的朋友都說你很帥呀！穿著很有品味呀！」這一類的旁人佐證法也很有效。

（三）認同他

男人在受到稱讚之後就會自以為了不起了！譬如他帶妳到某家餐廳用餐，妳要稱讚這兒的菜好吃，妳可能會發現，他會更滔滔不絕地向妳解釋，這裡的菜肴有多麼出色，好像這菜是他親自下廚做出來一般。別懷疑，男人天生就是這副德性，能獲得身旁美人的稱讚，就會讓他有種飄飄然的幻覺，特別是當妳身旁的男人對妳倆的愛情缺乏安全感時，認同他的想法往往既直接又有效。

（四）多說男人愛聽的話

俗話說，女人心，海底針，意思是說女人的心思難以琢磨。可是妳知道嗎，其實男人的心理同樣也是很複雜的。正處於熱戀中的妳，想不想知道怎樣才能打動妳深愛的男人呢？正所謂知己知彼，百戰百勝，下面的八句話妳可得好好地記住：

(1)我不在乎你有沒有錢，我相信你一定會有前途。

(2)我做菜的手藝很不錯，下次有機會做給你吃。

(3)不管怎樣，我相信你。
(4)你很有才華，能夠認識你真的好幸運。
(5)親愛的，我會永遠愛你。
(6)沒什麼事，只是想你了。
(7)我不要求名分，重要的是我們彼此相愛。
(8)你是我的第一次，你一定要好好愛我啊！

國家圖書館出版品預行編目資料

寫給女人的實用說話手冊：妳若會說話，到處吃香／張麗麗編著. -- 初版. -- 臺北市：菁品文化, 2020. 10

面；　公分. --（通識系列；87）

ISBN 978-986-98905-4-0（平裝）

1. 口才　2. 說話藝術　3. 溝通技巧　4. 女性

192.32　　109011988

通識系列 087

寫給女人的實用說話手冊：妳若會說話，到處吃香

編　　著　張麗麗
執行企劃　華冠文化
設計編排　菩薩蠻電腦科技有限公司
印　　刷　博客斯彩藝有限公司
出 版 者　菁品文化事業有限公司
地址／11490 台北市內湖區民權東路6段180巷6號11樓之7
電話／02-22235029　傳真／02-87911367
郵政劃撥　19957041　戶名：菁品文化事業有限公司
總 經 銷　創智文化有限公司
地址／23674新北市土城區忠承路89號6樓（永寧科技園區）
電話／02-22683489　傳真／02-22696560
版　　次　2020年10月初版
定　　價　新台幣300元　（缺頁或破損的書，請寄回更換）

I S B N　978-986-98905-4-0

本書 CVS 通路由美璟文化有限公司提供　02-27239968
原書名：如何成為一個會說話的女人